Psicologia do desenvolvimento e da aprendizagem

SÉRIE PEDAGOGIA CONTEMPORÂNEA

DIALÓGICA

O selo DIALÓGICA da Editora InterSaberes faz referência às publicações que privilegiam uma linguagem na qual o autor dialoga com o leitor por meio de recursos textuais e visuais, o que torna o conteúdo muito mais dinâmico. São livros que criam um ambiente de interação com o leitor – seu universo cultural, social e de elaboração de conhecimentos –, possibilitando um real processo de interlocução para que a comunicação se efetive.

Christiane Martinatti Maia

Psicologia do desenvolvimento e da aprendizagem

Rua Clara Vendramin, 58 . Mossunguê
CEP 81200-170 . Curitiba . PR . Brasil
Fone: (41) 2106-4170
www.intersaberes.com
editora@editoraintersaberes.com.br

EDITORA
intersaberes

Conselho editorial
Dr. Ivo José Both (presidente)
Drª Elena Godoy
Dr. Nelson Luís Dias
Dr. Neri dos Santos
Dr. Ulf Gregor Baranow

Editora-chefe
Lindsay Azambuja

Supervisora editorial
Ariadne Nunes Wenger

Analista editorial
Ariel Martins

Capa
HomeStudio/Shutterstock (imagens)

Projeto gráfico
Raphael Bernadelli

Adaptação de projeto gráfico
Charles L. da Silva

Diagramação
Maiane Gabriele de Araujo

1ª edição, 2017.

Foi feito o depósito legal.

Informamos que é de inteira responsabilidade da autora a emissão de conceitos.

Nenhuma parte desta publicação poderá ser reproduzida por qualquer meio ou forma sem a prévia autorização da Editora InterSaberes.

A violação dos direitos autorais é crime estabelecido na Lei n. 9.610/1998 e punido pelo art. 184 do Código Penal.

Dados Internacionais de Catalogação na Publicação (CIP)
(Câmara Brasileira do Livro, SP, Brasil)

Maia, Christiane Martinatti
Psicologia do desenvolvimento e da aprendizagem/ Christiane Martinatti Maia. Curitiba: InterSaberes, 2017.
(Série Pedagogia Contemporânea).

Bibliografia.
ISBN 978-85-5972-562-9

1. Fracasso escolar 2. Psicologia da aprendizagem 3. Psicologia do desenvolvimento 4. Psicologia educacional I. Título. II. Série.

17-09914   CDD-370.1523

Índices para catálogo sistemático:
1. Psicologia do desenvolvimento e da aprendizagem: Educação 370.1523

Sumário

Apresentação, 9

(1) História da psicologia e alguns conceitos iniciais, 11
    1.1   Um pouco de história, 14
    1.2   Psicanálise: conceitos fundamentais, 16
    1.3   Estrutura topográfica do aparelho psíquico, 18
    1.4   Desenvolvimento psicossexual, 19

(2) Teoria behaviorista: a perspectiva de Skinner, 25
    2.1   Ideias iniciais, 28
    2.2   Escola: lugar de estímulos e respostas?, 30
    2.3   Outros olhares, 32

(3) Teoria humanista: a perspectiva de Rogers, 35

    3.1   Olhares iniciais, 38

    3.2   A sala de aula, 40

(4) Teoria psicogenética: a perspectiva de Piaget, 45

    4.1   As ideias de Piaget, 48

    4.2   A construção do número pela criança, 53

(5) Teoria histórico-cultural: a perspectiva de Vygotsky, 57

    5.1   Algumas ideias principais, 60

    5.2   Por trás da linguagem, 62

    5.3   O brincar e o brinquedo, 64

    5.4   Algumas questões para a prática educativa, 66

(6) A construção da inteligência: novas tessituras, 69

    6.1   Histórico da inteligência: três pressupostos associados à definição do conceito, 72

    6.2   Teoria das inteligências múltiplas, 75

(7) Infância, cultura juvenil, idade adulta e velhice: novos rumos conceituais, apenas?, 81

    7.1   A criança hoje, 84

    7.2   Cultura juvenil, 87

    7.3   Os significados de ser adulto, 89

    7.4   Terceira idade ou velhice, 91

(8) Estudos culturais: problematizando conceitos, 95

    8.1   Estudos culturais: novo campo conceitual, 98

    8.2   A construção do sujeito, 100

    8.3   Identidade: múltipla, fixa ou..., 103

    8.4   E a sala de aula: corpos dóceis?, 105

(9) Mitos e desafios: da exclusão à inclusão, 109

    9.1   Algumas questões relevantes, 112

    9.2   Pessoas com deficiência: um pouco de história, 112

    9.3   Os sujeitos com necessidades educacionais especiais, 115

    9.4   Fracasso e sucesso escolar: algumas questões, 119

    9.5   Inclusão e exclusão, 121

(10) Ludicidade e tecnologias da informação e da comunicação: algumas relações com a prática pedagógica, 125

    10.1   Ludicidade, 128

    10.2   Tecnologias da informação e da comunicação, 131

Referências, 135

Bibliografia comentada, 141

Respostas, 145

Sobre a autora, 147

Apresentação

Pensemos um pouco sobre os aspectos fundamentais da vida: o tempo, o nascimento, o desenvolvimento, o crescimento... Pensemos também sobre as fases da vida humana: infância, adolescência, idade adulta e velhice. Quando refletimos sobre esses assuntos, certamente nos vêm à cabeça algumas perguntas: Como nos desenvolvemos? Como aprendemos? Nos tempos de hoje, as crianças se desenvolvem e aprendem como no passado? E quanto aos jovens, aos adultos e aos idosos? Qual é a relação entre sociedade, cultura, desenvolvimento e educação? Essas são algumas das questões essenciais que norteiam os estudos nas áreas de psicologia do desenvolvimento e da aprendizagem.

A literatura dessas áreas foi construída com base em diferentes correntes epistemológicas e paradigmáticas. Nesta obra, objetivamos abordar, em dez capítulos, o histórico da psicologia, analisando as perspectivas de autores como Skinner, Rogers, Piaget e Vygotsky sobre o desenvolvimento e a aprendizagem. Além disso, examinaremos as visões sobre a criança, o adolescente, o adulto e o idoso, os conceitos de inteligência, de fracasso e sucesso escolar, de inclusão e exclusão, entre outros aspectos importantes

Com o estudo desta obra, convidamos o leitor a buscar novas leituras, novas escutas e novos olhares sobre o desenvolvimento e a aprendizagem.

Boa leitura.

(1)

História da psicologia e alguns conceitos iniciais

Neste capítulo, abordaremos, de forma breve, a história da psicologia, assim como alguns conceitos iniciais relacionados ao desenvolvimento sob a perspectiva da psicanálise.

(1.1) Um pouco de história

Recuperar a história da psicologia é necessário, visto que somente dessa forma é possível compreender sua diversidade atual e sua relação com outras áreas de conhecimento, como antropologia, sociologia, educação e filosofia.

A história da psicologia, assim como a história do pensamento humano, começa com os gregos, responsáveis pela primeira tentativa de sistematizar os conhecimentos na área. O termo *psicologia* vem do grego *psyché*, que significa "alma", e de *logos*, que quer dizer "razão". Assim, etimologicamente, *psicologia* significa "estudo da alma".

Bock (2001) salienta que a alma, ou o espírito, era concebida como a parte IMATERIAL do ser humano, abarcando pensamento, sentimentos de amor, ódio, desejo, entre outros. Nesse sentido, Sócrates, Platão e Aristóteles conceberam diferentes conceitos relacionados à alma.

Sócrates (469 a.C.-399 a.C.) postulava que a principal característica humana seria a razão, limite que separaria o homem dos animais. A razão permite ao homem sobrepor-se aos instintos, considerados a base da irracionalidade. Discípulo de Sócrates, Platão (427 a.C.-347 a.C.) procurou definir um lugar para a razão no corpo humano. Assim, o lugar escolhido pelo filósofo foi a cabeça, e a medula seria o elemento de ligação entre a alma e o corpo. Ele acreditava que, quando o homem morre, seu corpo desaparece, porém sua alma fica livre para ocupar outro corpo.

Aristóteles (384 a.C.-322 a.C.), um dos mais importantes filósofos da história, discípulo de Platão, acreditava que a *psyché* seria o princípio ativo da vida. Assim, afirmou que tudo que cresce, se reproduz e se alimenta tem uma *psyché*, ou alma. Dessa forma, os vegetais, os animais e os seres humanos têm alma.

Segundo Bock (2001, p. 33), "os vegetais teriam a alma vegetativa, que se define pela função de alimentação e reprodução. Os animais teriam essa alma e a alma sensitiva, que tem a função de percepção e movimento. E o homem teria os dois níveis anteriores e a alma racional, que tem a função pensante".

A psicologia moderna começou a se estabelecer apenas no final do século XIX, na Alemanha, por meio dos estudos de Wilhelm Wundt, Ernst Weber e Gustav Fechner. Autores como Edward Titchener e William James também contribuíram para os estudos alemães. Assim, o *status* de ciência atribuído à psicologia foi conquistado quando ocorreu seu desligamento da filosofia e seu objeto de estudo foi definido: o comportamento, a vida psíquica, a consciência. Atualmente, os Estados Unidos são o país que mais desenvolve estudos e pesquisas na área da psicologia. As três abordagens descritas a seguir estão relacionadas à origem dos estudos psicológicos:

1. FUNCIONALISMO – "O que fazem os homens e por que o fazem?". Essa é a pergunta de James, pioneiro da escola funcionalista – corrente considerada a primeira sistematização genuína de conhecimentos em psicologia. Essa corrente preocupava-se em compreender como ocorre o FUNCIONAMENTO e a ADAPTAÇÃO da mente dos indivíduos no meio em que estão inseridos.
2. ESTRUTURALISMO – Wundt e Titchener buscaram estudar os ESTADOS ELEMENTARES DA CONSCIÊNCIA, como as estruturas do sistema nervoso central. O método de observação de Titchener e Wundt é o introspeccionismo, e os conhecimentos psicológicos produzidos são eminentemente experimentais, isto é, produzidos a partir do laboratório.
3. ASSOCIACIONISMO – O principal representante é Edward Thorndike, responsável pela primeira teoria de aprendizagem na psicologia. A premissa dessa escola é que a aprendizagem ocorre por meio de um processo de ASSOCIAÇÃO DE IDEIAS – das mais simples às mais complexas. Ele formulou a lei do efeito, compreendida como um processo de reforço associado à aprendizagem.

A partir do século XX, três tendências foram consideradas extremamente importantes, a saber:

1. BEHAVIORISMO – Também chamado de COMPORTAMENTALISMO, nasceu nos Estados Unidos, com John Broadus Watson, e elevou a psicologia ao *status* de ciência. Seu principal representante é Burrhus Frederic Skinner.

2. *GESTALT* OU PSICOLOGIA DA FORMA – Surgiu na Europa como uma negação da fragmentação das ações e dos processos humanos. Postula a necessidade de compreender o homem como uma TOTALIDADE. São representantes dessa corrente: Kurt Lewin, Max Wertheimer, Kurt Koffka, Wolfgang Köhler, Ernst Mach e Christian von Ehrenfels – os dois últimos relacionados aos antecessores da psicologia da *gestalt*.
3. PSICANÁLISE – Nasceu com Sigmund Freud, na Áustria, com base em sua prática médica desenvolvida entre o final do século XIX e o início do século XX. Postula o INCONSCIENTE como objeto de estudo e enfatiza que determinados impulsos instintivos seriam de natureza sexual.

A seguir, detalharemos as ideias presentes no âmbito da psicanálise proposta por Freud, médico neurologista que a criou.

(1.2) Psicanálise: conceitos fundamentais

A personalidade, para Freud, é construída por três sistemas – *id*, ego e superego –, cada qual com características, funções e mecanismos próprios que interagem estreitamente entre si. Hall e Lindzey (1984, p. 53) destacam que "o comportamento é quase sempre o produto de uma interação entre esses três sistemas; e raramente um sistema opera com a exclusão dos outros dois".

Por *id* entende-se a totalidade do aparelho psíquico do indivíduo, presente desde seu nascimento. "Consiste em tudo que é psicológico, que é herdado e que se acha presente no nascimento, incluindo os instintos", salientam Hall e Lindzey (1984, p. 53).

O *id* caracteriza-se, assim, por uma atividade humana relacionada aos IMPULSOS BÁSICOS, em que o sujeito busca o prazer, a gratificação imediata, não tolerando, dessa forma, a frustração. Instintos sexuais e agressivos também compõem o *id*, que, para Freud (1933, p. 74, citado por Schultz; Schultz, 1992, p. 344), não conhece juízos de valor, tampouco o bem e o mal, ou alguma moralidade. Como sistema original da personalidade, é a partir do *id* que se desenvolvem o ego e o superego. Hall e Lindzey (1984, p. 54) esclarecem que

> *o ego passa a existir porque as necessidades do organismo requerem transações apropriadas com o mundo objetivo da realidade. [...] A distinção básica entre o id e o ego é que o id só conhece a realidade subjetiva da mente, ao passo que o ego distingue as coisas na mente das coisas no mundo externo.*

Dessa forma, se o *id* opera com pulsão, desejo, o ego opera com realidade, ou seja, é no ego que se processam os CONTROLES dos impulsos, do desejo, do prazer. Cabe ao ego estruturar questões associadas ao planejamento, à decisão, à percepção, entre outras. Ainda segundo Hall e Lindzey (1984, p. 54), "o ego é o executivo da personalidade porque ele controla o acesso à ação, seleciona as características do ambiente às quais irá responder e decide que instintos serão satisfeitos e de que maneira".

O ego estrutura-se, portanto, para controlar o *id*. Já o superego estrutura-se com base no ego e no *id* diante da questão das restrições morais:

> *Ele é o representante interno dos valores tradicionais e dos ideais da sociedade conforme interpretados para a criança pelos pais e impostos por um sistema de recompensas e de punições. O superego é a força moral da personalidade. Ele representa o ideal mais do que o real e busca a perfeição mais do que o prazer. Sua principal preocupação é decidir se alguma atitude é certa ou errada, para poder agir de acordo com os padrões morais autorizados pelos agentes da sociedade.* (Hall; Lindzey, 1984, p. 55)

Ainda de acordo com Hall e Lindzey (1984, p. 55), o superego pretende INIBIR AS PULSÕES, a agressividade, a busca pelo prazer presente no *id* e transformar objetivos realistas presentes no ego em objetivos moralistas, à procura, assim, da perfeição. Ele procura constituir o AUTOCONTROLE.

Por fim, destacamos a síntese mencionada por Hall e Lindzey (1984, p. 55): "o id pode ser pensado como componente biológico da personalidade, o ego como o componente psicológico e o superego como o componente social".

(1.3) Estrutura topográfica do aparelho psíquico

Em sua teoria, Freud refere-se à existência de três sistemas ou instâncias psíquicas: inconsciente, pré-consciente e consciente.

No INCONSCIENTE, conforme Fadiman e Frager (1986), estão presentes os conteúdos inacessíveis à consciência. Geralmente, são conteúdos reprimidos, censurados e até excluídos da consciência:

> *Aprendemos pela experiência que os processos mentais inconscientes são em si mesmos intemporais. Isto significa em primeiro lugar que não são ordenados temporalmente, que o tempo de modo algum os altera, e que a ideia de tempo não lhes pode ser aplicada [...]. A maior parte da consciência é inconsciente. Ali estão os principais determinantes da personalidade, as fontes da energia psíquica, e pulsões ou instintos.*
> (Fadiman; Frager, 1986, p. 7)

Segundo D'Andrea (1978, p. 18), o PRÉ-CONSCIENTE "seria a franja de penumbra intermediária entre a região iluminada e a escuridão", ou seja, a instância psíquica entre o inconsciente e o consciente. Como parte do inconsciente, torna-se também consciente.

Lembranças do que se viveu, atos passados e presentes fazem parte dessa instância, os quais podem estar conscientes ou inconscientes. "O pré-consciente é como uma vasta área de posse das lembranças de que a consciência precisa para desempenhar suas funções" (Fadiman; Frager, 1986, p. 8). Ainda de acordo com D'Andrea (1978, p. 17),

> *O consciente é uma parte relativamente pequena e inconstante da vida mental de uma pessoa. Corresponde a tudo aquilo de que o indivíduo está ciente em determinado instante e cujo conteúdo provém de duas fontes principais: o conjunto dos estímulos atuais, percebidos pelo aparelho sensorial, e as lembranças de experiências passadas, evocadas naquele instante. Quanto mais a atenção do indivíduo estiver voltada para os fatos da realidade presente, menos haverá lugar para lembranças do passado [...]. Corresponde a tudo o que ocupa a atenção de um indivíduo em determinado instante.*

Assim, no CONSCIENTE, o indivíduo tem acesso a todas as informações e lembranças presentes em seu aparelho psíquico, a qualquer momento.

(1.4) Desenvolvimento psicossexual

No contexto do desenvolvimento psicossexual, conforme D'Andrea (1978), Fadiman e Frager (1986) e Hall (2002), Freud defende que se deve considerar a existência de cinco fases, descritas na sequência: oral, anal, fálica, de latência e genital.

Fase oral

Para Freud, a zona de erotização, na fase de bebê, se concentra na boca: amamentação, comida, bebida; morder, chupar etc. Conforme o indivíduo cresce, essa necessidade, a fixação na fase oral, tende a desaparecer diante de novos estímulos e interesses. De acordo com Fadiman e Frager (1986, p. 13),

> Desde o nascimento, necessidade e gratificação estão ambas concentradas predominantemente em volta dos lábios, língua e, um pouco mais tarde, dos dentes. A pulsão básica do bebê não é social ou interpessoal, é apenas receber alimento para atenuar as tensões de fome e sede. Enquanto é alimentada, a criança é também confortada, aninhada, acalentada e acariciada. No início, ela associa prazer e redução da tensão ao processo de alimentação.

No entanto, em uma perspectiva freudiana, o indivíduo pode permanecer centrado nessa fase e desenvolver, por exemplo, hábitos como fumar, comer em excesso, beber em demasia e roer unhas, utilizando a boca para aliviar tensões.

Fase anal

Depois do nascimento e com o desenvolvimento do bebê, começam a ser aprimoradas outras áreas ligadas ao prazer e à gratificação. Segundo Fadiman e Frager (1986, p. 13),

> À medida que a criança cresce, novas áreas de tensão e gratificação são trazidas à consciência. Entre dois e quatro anos, as crianças geralmente aprendem a controlar os esfíncteres anais e a bexiga. A criança presta uma atenção especial à micção e à evacuação. O treinamento da toalete desperta um interesse natural pela autodescoberta. A obtenção do controle fisiológico é ligada à percepção de que esse controle é uma nova fonte de prazer.

Desse modo, as crianças começam a associar o controle dos esfíncteres a elogios, geralmente dos pais. Freud destaca a importância do aprendizado relacionado à higiene, ao controle dos esfíncteres por meio de elogios, de tentativas, e não da valorização dos erros, das dificuldades apresentadas pelas crianças na hora da higiene. Porém, se os pais forem omissos ou controladores em demasia, isso poderá acarretar problemas futuros para a criança, como prisão de ventre e retenção das fezes. Características adultas associadas à fixação parcial na fase anal são: ordem, parcimônia e obstinação.

Fase fálica

Na fase fálica, para Freud, meninos e meninas refletem sobre a ausência do pênis ou o temor pela perda deste. Fadiman e Frager (1986, p. 14) explicam esse estágio:

> Bem cedo, já aos três anos, a criança entra na fase fálica que focaliza as áreas genitais do corpo. Freud afirmava que essa fase é melhor caracterizada por "fálica" uma vez que é o período em que uma criança se dá conta de seu pênis ou da falta de um. É a primeira fase em que as crianças tornam-se conscientes das diferenças sexuais.

Para Freud, nas meninas existe um sentimento de inveja do pênis, principalmente relacionado à micção e à masturbação. Ele salienta, ainda, que o clitóris é percebido como uma parte inferior feminina. Vários teóricos e pesquisadores debateram essa questão, como Erik Erikson e Carl Jung, tecendo críticas à interpretação freudiana.

Já os meninos, para Freud, focalizam seus temores na ideia da castração do pênis, ou seja, no medo da perda do pênis.

A manifestação edipiana teria início, para o teórico, na fase entre 3/4 anos e 6/7 anos. Esse estágio, conforme Freud, seria o mais importante para o desenvolvimento da personalidade. Segundo D'Andrea (1978), a criança nesse período desenvolve um grande interesse, um desejo, pelo genitor do sexo oposto e apresenta rivalidade em relação ao genitor do mesmo sexo. Assim, ansiedade, medo e culpa constituem-se nessa fase: "para o menino que deseja estar perto de sua mãe, o pai assume alguns atributos de um rival. Ao mesmo tempo, o menino ainda quer o amor e a afeição de seu pai e, por isso, sua mãe é vista como uma rival. A criança está na posição insustentável de querer e temer ambos os pais" (Fadiman; Frager, 1986, p. 14).

Freud denominava essa situação de *complexo de Édipo*, inspirado na peça de Sófocles: "Na tragédia grega, Édipo mata seu pai (desconhecendo sua verdadeira identidade) e, mais tarde, casa-se com a mãe. Quando finalmente toma conhecimento de quem havia matado e com quem se casara, o próprio Édipo desfigura-se arrancando os dois olhos" (Fadiman; Frager, 1986, p. 14).

O complexo manifesta-se em meninos e meninas, porém com soluções distintas: os meninos reprimem os sentimentos pelo medo da castração; na menina a repressão é menos severa e, desse modo, segundo Freud, pode se estender por mais tempo. Assim, a maioria das crianças modifica a característica de apego aos pais, voltando-se para outras questões (atividades escolares, companheiros etc.).

Fase de latência

Esse período vai, aproximadamente, dos 5 aos 10 anos de idade e caracteriza-se por uma aparente interrupção do desenvolvimento sexual, em que os impulsos eróticos exercem menor influência na conduta e o ego encontra uma trégua para os conflitos emocionais que vinham se desenrolando nas fases anteriores (D'Andrea, 1978, p. 73).

Dessa forma, a criança utiliza a força psíquica para fortalecer o ego e o superego em desenvolvimento, voltando-se para o estreitamento de laços afetivos, a busca de amizades e outras atividades. Além disso, as mudanças endocrinológicas nessa fase possibilitam novas transformações.

Fase genital

Busca pelo companheiro, processo de identificação sexual e relações afetivas sólidas são características dessa fase, para Freud. As relações entre os sujeitos seriam privilegiadas. Conforme Fadiman e Frager (1986, p. 14),

> *A fase final do desenvolvimento biológico e psicológico ocorre com o início da puberdade e o consequente retorno da energia libidinal aos órgãos sexuais. Neste momento, meninos e meninas estão ambos conscientes de suas identidades sexuais distintas e começam a buscar formas de satisfazer suas necessidades eróticas e interpessoais.*

No entanto, Freud também explorou questões associadas a obstáculos ao crescimento, em que o ego, visando proteger a personalidade de ameaças, a distorce. Essas distorções provocadas pelo ego são intituladas *mecanismos de defesa*. Sobre esse tema, Hall e Lindzey (1984, p. 63) expõem:

> *Sob a pressão de excessiva ansiedade, o ego às vezes é forçado a tomar medidas extremas para aliviar a pressão. [...] todos os mecanismos de defesa têm duas características em comum: eles negam, falsificam ou distorcem a realidade e eles operam inconscientemente, de modo que a pessoa não tem consciência do que está acontecendo.*

Entre os mecanismos de defesa associados ao desenvolvimento e à aprendizagem podemos citar:

- REGRESSÃO – De acordo com Hall e Lindzey (1984, p. 64), "as pessoas tendem a regredir a um estágio no qual estiveram previamente fixadas". Ou seja, a regressão caracteriza-se pelo retorno a um estágio anterior do desenvolvimento. Porém, o indivíduo não regride completamente, mas inclui características infantilizadas em seu comportamento.

- PROJEÇÃO – "É o processo mental pelo qual atributos da própria pessoa, não aceitos conscientemente, são imputados a outrem, sem levar em conta os dados da realidade" (D'Andrea, 1978, p. 24). Pode-se dizer, por exemplo: "Ele me odeia" em vez de "Eu o odeio!".
- IDENTIFICAÇÃO – Nesse mecanismo, o indivíduo identifica-se com um objeto, outro indivíduo ou um grupo de indivíduos. Buscam-se semelhanças em comportamento, pensamento e ação, relacionando-se características internas e externas entre os indivíduos. Constituída de modo inconsciente, a identificação torna-se significativa para a formação da personalidade, segundo D'Andrea (1978, p. 28).
- FANTASIA – "É um conjunto de ideias ou imagens mentais que procuram resolver os conflitos intrapsíquicos, através da satisfação imaginária dos impulsos. [...] reveste-se de caráter patológico quando tende a impedir continuamente a resolução dos conflitos" (D'Andrea, 1978, p. 22). Os sonhos e a fantasia servem para aliviar a angústia, conforme Freud.
- RACIONALIZAÇÃO – "É uma tentativa de explicação consciente, visando justificar manifestações de impulsos ou afetos inconscientes e não aceitos pelo ego" (D'Andrea, 1978, p. 24). O indivíduo, dessa forma, fica preso pela fixação a determinados sentimentos que geram hostilidade, não permitindo seu crescimento.
- REPRESSÃO OU RECALQUE – "É o processo automático que mantém fora da consciência impulsos, ideias ou sentimentos inaceitáveis, os quais não podem tornar-se conscientes através da evocação voluntária" (D'Andrea, 1978, p. 24). Caracteriza-se pelo esquecimento de determinados sentimentos ou de certos fatos para não sofrer. Constitui-se de forma inconsciente.

As teorias propostas por Freud tiveram muitos seguidores, entre os quais os mais fiéis foram Karl Abraham, Sándor Ferenczi e Ernest Jones. Já Alfred Adler e Carl Jung foram dissidentes de sua teoria.

Jung chegou a discordar frontalmente do papel preponderante do desejo no pensamento freudiano.

Por fim, destacamos que algumas questões presentes na obra de Freud ainda permanecem atuais, porém há necessidade de uma releitura dos conceitos propostos diante da realidade atual.

Atividade

Cada Um

Ricardo Reis

Cada um cumpre o destino que lhe cumpre,
E deseja o destino que deseja;
Nem cumpre o que deseja.
Nem deseja o que cumpre.

Como as pedras na orla dos canteiros
O Fado nos dispõe, e ali ficamos;
Que a Sorte nos fez postos
Onde houvemos de sê-lo.

Não tenhamos melhor conhecimento
Do que nos coube que de que nos coube.
Cumpramos o que somos.
Nada mais nos é dado.

Fonte: Pessoa, 2017, p. 10-11.

Com base na leitura do poema de Ricardo Reis, um dos três heterônimos mais conhecidos de Fernando Pessoa, reflita sobre os seguintes questionamentos, que aludem a trechos do poema: O que somos? O que desejamos? O que cumprimos? O que nos é dado? O que construímos? Em seguida, produza um pequeno texto em que você explore as ideias de Freud a respeito da construção da personalidade.

(**2**)

Teoria behaviorista:
a perspectiva de Skinner

Neste capítulo, apresentaremos as ideias de Skinner relacionadas ao desenvolvimento humano e à aprendizagem.

(2.1) Ideias iniciais

Burrhus Frederic Skinner nasceu em 1904, no Estado da Pensilvânia, Estados Unidos, e faleceu em 1980. Graduou-se em Harvard, em Psicologia e é considerado um teórico da aprendizagem.

Sua visão de sujeito aproxima-se da visão empirista de John Locke (1997): uma tábula rasa que gradualmente seria preenchida com informações provenientes do meio. Assim, para Skinner, o sujeito seria produto exclusivo das forças do meio no qual vive.

Já quanto à personalidade, Fadiman e Frager (1986) destacam que Skinner a define como uma coleção de PADRÕES DE COMPORTAMENTO. Assim, situações distintas evocariam diferentes padrões de respostas. Para ele, o que se observa no sujeito é o comportamento, e não o *self*, a personalidade.

Nesse sentido, Skinner (1970, p. 68) considera que "o que o homem faz é o resultado de condições que podem ser especificadas e que, uma vez determinadas, poderemos antecipar e até certo ponto determinar as ações".

Quanto à aprendizagem, Skinner entende que ela ocorre por meio da influência dos estímulos do meio. Todo comportamento do homem seria condicionado e classificado como respondente ou operante.

Ao COMPORTAMENTO RESPONDENTE, ou reflexo, estão relacionadas interações estímulo-resposta (ambiente-sujeito) incondicionadas, ou seja, comportamentos ou reações provocadas por estímulos antecedentes do ambiente (arrepio de frio, lágrimas provocadas ao cortar uma cebola, entre outros).

No COMPORTAMENTO OPERANTE, o que propicia a aprendizagem é a ação do organismo sobre o meio e seu efeito (Bock, 2001). Desse modo, o comportamento operante "inclui todos os movimentos de um organismo dos quais se possa dizer que, em algum momento, têm efeito sobre ou fazem algo ao mundo ao redor. O comportamento operante opera sobre o mundo, por assim dizer, quer direta ou indiretamente" (Keller, citado por Bock, 2001, p. 48).

Portanto, o comportamento operante é aquele realizado diariamente de forma desejada, tais como ler um livro, escrever uma carta, tocar um instrumento ou inscrever-se em aulas de canto.

Se o comportamento operante representa a resposta espontânea aos estímulos, segundo Skinner, o condicionamento operante deve ser compreendido como "planejar um mundo no qual uma pessoa faz coisas que afetam esse mundo, que, por sua vez, afeta a pessoa" (Skinner, citado por Fadiman; Frager, 1986, p. 194). Ainda de acordo com o teórico,

> *O condicionamento operante é o processo de modelar e manter por suas consequências um (determinado) comportamento particular. Por conseguinte, leva em conta não somente o que se apresenta antes que haja uma resposta como também o que acontece após a mesma. [...] quando um dado comportamento é seguido por uma dada consequência, apresenta maior probabilidade de repetir-se. Denominamos reforço à consequência que produz tal efeito.* (Skinner, citado por Fadiman; Frager, 1986, p. 195)

Desse modo, podemos entender *reforço* como qualquer estímulo que possibilite o aumento da probabilidade de determinada resposta. Para Skinner, os reforços podem ser positivos ou negativos.

O REFORÇO POSITIVO resume-se a um estímulo que promove o comportamento desejado: a RECOMPENSA (Moreira, 1999, p. 52). Ele representa prazer, ganho, busca por recompensa ou notoriedade (por exemplo, funcionário do mês, aluno destaque, viagem no fim do ano como prêmio pela aprovação na escola).

O REFORÇO NEGATIVO visa reduzir, extinguir ou eliminar determinada resposta. Para Skinner (citado por Fadiman; Frager, 1986, p. 195), "os reforços negativos denominam-se adversos no sentido em que constituem aquilo de que os organismos fogem". Tal reforço pretende fortalecer, assim, a resposta que o remove, o enfraquece, como no caso do tapetinho ou da cadeirinha do pensar em casa ou na escola. Existem ainda os castigos (por exemplo, não viajar no caso de reprovação na escola), que também representam reforços negativos.

O teórico distingue os reforçadores entre primários e secundários. Recompensas físicas diretas caracterizam os reforços primários, ou seja, satisfazem a uma necessidade primária, tais como fome e sede. No reforço secundário, estímulos neutros se associam a reforços primários, atuando como recompensa, como o dinheiro, que, associado a reforços primários, é um dos mais utilizados atualmente. O bônus financeiro no fim do mês é um exemplo, bem como o aumento da mesada devido à realização de alguma atividade, isto é, a uma resposta satisfatória.

É importante destacar que Skinner condena a punição, pois acredita que punições estabelecidas aos sujeitos informam somente o que não fazer ao invés de informar o que fazer. Esse tipo de procedimento seria o maior impeditivo para uma real aprendizagem, pois os comportamentos punidos não desaparecem; pelo contrário, retornam associados a novos comportamentos. Para o autor, prisão, reprovação, açoite e castigos físicos desmedidos são exemplos de punição.

(2.2) Escola: lugar de estímulos e respostas?

Toda prática tradicional escolar tem uma premissa comportamentalista, vale lembrar: estrelinhas no caderno; balas e doces ao término de atividades; correção da atividade para rever o erro e buscar o acerto; tarefas de casa validadas com "muito bem", "parabéns", "continue assim". Esses são casos de reforço positivo.

Já o reforço negativo pode ser identificado, por exemplo, na ausência de recreio, na correção das atividades com conceitos como "ruim", "péssimo", "precisa melhorar" e, ainda, na famosa cadeirinha ou tapetinho do pensamento, artifício que ainda hoje está presente no universo da sala de aula. Neste último caso, o tapetinho e a cadeirinha representam um espaço no qual a criança permaneceria por um período de tempo para pensar em seu comportamento. Entretanto, para vários teóricos, a criança em determinada faixa etária não consegue refletir sobre os próprios erros, pois ainda seria egocêntrica, ou seja, voltada para o "eu". Porém, para Skinner, trata-se de períodos cruciais para a modelagem de novos comportamentos.

Assim, na perspectiva skinneriana, o ensino na escola se processaria por meio da relação estímulo-resposta, e o professor seria o responsável por estabelecer reforços positivos e negativos a fim de definir os comportamentos desejados.

Diante da questão didático-metodológica, Moreira (1999) destaca a INSTRUÇÃO PROGRAMADA como exemplo de aplicação da abordagem skinneriana na escola, cujos princípios básicos são os descritos a seguir:

- PEQUENAS ETAPAS – A informação, ou o conteúdo, é apresentada por meio de certo número de etapas pequenas e fáceis: "O uso de pequenas etapas facilita a emissão de respostas a serem reforçadas e diminui a probabilidade de cometer erros" (Moreira, 1999, p. 59). Ou seja, os erros são minimizados, e os acertos, maximizados. Um exemplo dessa estratégia é a estruturação dos livros didáticos, em sua maioria, bem como o planejamento do professor que organiza as lições da mais fácil para a mais difícil.
- RESPOSTA ATIVA – Refere-se à participação ativa do sujeito no processo de aprendizagem. É realizada por meio de questionamentos do professor ao longo das atividades realizadas. Outro exemplo são os ditados.
- VERIFICAÇÃO IMEDIATA – Parte-se do princípio de que o aluno aprende de forma mais adequada quando verifica a resposta imediatamente. A verificação é realizada por meio do questionamento do professor logo após as atividades e visa à correção do erro também.
- RITMO PRÓPRIO – Cada aluno tem o próprio ritmo para aprender. Skinner considera que o professor deve respeitar o ritmo de aprendizado do aluno a fim de possibilitar a participação dele no processo de aprendizagem. Ele destaca ainda que, caso o professor faça o contrário, o aluno visualizará essa estratégia como um reforço negativo ou até como uma punição.

- TESTE DO PROGRAMA – Deve ser realizado por meio da atuação do aluno. Salienta-se a importância da clareza das questões apresentadas, as quais, geralmente, apresentam lacunas para serem preenchidas conforme o gabarito, ou seja, as respostas devem ser disponibilizadas ao final da atividade para que o aluno a corrija, verificando o que acertou e modificando o que errou.

Como demonstramos até aqui, Skinner foi um dos precursores das ideias ligadas ao desenvolvimento humano e à aprendizagem. A seguir, apresentaremos outros aspectos de sua teoria.

(2.3) Outros olhares

Um fator importante para Skinner é a observação do ambiente em que o indivíduo está inserido para definir seu comportamento e o que é certo ou errado. De acordo com Skinner (1970, p. 96),

> *Não temos razão para supor que qualquer prática cultural esteja sempre certa ou errada de acordo com algum princípio ou valor independente das circunstâncias ou que qualquer um possa, a qualquer momento, fazer uma avaliação absoluta de seu valor de sobrevivência. Conquanto isso seja reconhecido, estaremos menos inclinados a lançar mão de respostas fixas para escapar da indecisão.*

É importante destacar que, para o teórico, a cultura na qual uma pessoa está inserida é importantíssima para o estabelecimento e/ou modificação de comportamentos. Nessa cultura, sustentam-se valores morais, éticos, estéticos, entre outros, os quais podem, aliás, ser modificados diante das ações dos sujeitos presentes:

> *O sistema ético skinneriano é composto por uma ciência dos valores e por uma filosofia moral. Apoiado no modelo de seleção por consequências, esse sistema apresenta tanto sentenças descritivas, ou tactos – através das quais aponta as variáveis seletivas que controlam o comportamento ético – quanto sentenças prescritivas, ou mandos – através das quais*

destaca e promove a sobrevivência das culturas enquanto objetivo ético fundamental. Por ser inspirada – mas não justificada – pelo modelo de seleção por consequências, a sobrevivência das culturas não constitui um valor naturalmente "verdadeiro". Esse valor pode, portanto, ser legitimamente questionado e debatido, mesmo pelos próprios behavioristas radicais – ainda que haja bons argumentos para defendê-lo. (Dittrich; Abib, 2004, p. 432)

Assim, conforme o ponto de vista de Skinner, seria necessário estabelecer normas, regras sociais que devem ser cumpridas pelos sujeitos de determinada sociedade. O mesmo se aplica quando se pensa na família. Analise o caso a seguir.

> *Mariana, no sábado, sempre realiza as compras de casa. Certo dia, levou sua filha de 4 anos, Ana, ao mercado. Ao ingressar no corredor das guloseimas, Ana jogou-se no chão. Chorou, esperneou e gritou, dizendo à mãe que não sairia dali antes que lhe comprasse chocolates. Mariana, então...*

Para finalizarmos essa história com uma premissa skinneriana, devemos pensar que, para o teórico, a chamada *manha* ou *birra* é aprendida, ou seja, é um comportamento adquirido. Dessa forma, a mãe de Ana deveria ignorar o quadro apresentado pela filha e, mantendo-se rígida em seus propósitos, retirar-se do corredor, para que a menina fosse atrás dela.

Se Mariana, ao contrário, resolvesse ceder aos apelos da filha e comprar-lhe os doces, na visão de Skinner, haveria um estímulo para que, a cada nova visita ao mercado com a menina, a mesma cena volte a acontecer, pois os chocolates acabariam se transformando em um reforço – positivo – para a filha.

Outro exemplo de manha é o caso da criança quando chora, mas não por fome, frio, dor nem pela necessidade de trocar as fraldas. Segundo Skinner, os adultos que convivem com essa criança devem ignorar o choro, evitando pegá-la no colo ou mesmo mudá-la de lugar, pois, se assim o fizerem, ela associará o choro (comportamento operante) a colo ou mudança de lugar (reforço), ou seja, a criança sempre vai chorar para receber colo etc.

Já no caso dos adultos, para modificar o comportamento, é preciso transformar os objetivos em questões públicas, isto é, se uma pessoa deseja estudar para um concurso ou realizar uma reeducação alimentar, deve tornar seus objetivos públicos, pois assim será cobrada por seus familiares, amigos etc.

Tais objetivos podem ser registrados em um bloco de notas ou em um *blog* (diário virtual), destacando-se o empenho diante de uma conquista. É preciso, pois, criar reforços para atingir os objetivos. Por fim, parabenizar-se, com uma festa ou com a compra de roupas novas, por exemplo, é uma forma de investir em novos reforços positivos.

É importante ressaltar, ainda, algumas questões que podem afetar o condicionamento operante, o comportamento desejado, segundo Fadiman e Frager (1986, p. 200):

- O condicionamento pode ocorrer e ocorre sem consciência: o que o indivíduo percebe dependeria de suas percepções passadas.
- O condicionamento se mantém a despeito da consciência: "Podemos ser condicionados apesar de sabermos o que está acontecendo e decidirmos conscientemente não permanecer condicionados" (Fadiman; Frager, 1986, p. 201).
- O condicionamento é mais eficaz quando o sujeito tem consciência e coopera: "O condicionamento eficaz é uma colaboração" (Fadiman; Frager, 1986, p. 201).

Devemos mencionar, por fim, que, para Skinner, o corpo é aquilo que se comporta, ou seja, tudo pode ser observado, analisado com base na leitura do corpo, inclusive os comportamentos social e cultural. As emoções, o intelecto, a vontade, o relacionamento social são aprendidos e demonstrados por meio do corpo.

A propósito, não podemos nos esquecer de uma crítica a ser feita à teoria de Skinner: como criar, imaginar, viver e desejar em um corpo amordaçado, aprisionado por condicionamento, por reforços?

(**3**)

Teoria humanista:
a perspectiva de Rogers

Neste capítulo, examinaremos as ideias de Rogers relacionadas ao desenvolvimento humano e à aprendizagem.

(3.1) Olhares iniciais

Carl Rogers nasceu em Illinois, Estados Unidos, em 1902 e faleceu em 1987. Representante da psicologia humanista, foi responsável, no contexto educacional, pela antipedagogia, ou pedagogia não diretiva, que tem uma premissa basicamente fenomenológica, pois enfatiza as EXPERIÊNCIAS da pessoa, seus VALORES e SENTIMENTOS, ou seja, considera o aluno como pessoa.

> Rogers também se identificou com a orientação humanista da psicologia contemporânea. A psicologia humanista se opõe ao que considera como triste pessimismo e desespero inerentes à visão psicanalítica do ser humano, por um lado, e à concepção de robô do ser humano retratada no comportamentalismo, por outro. (Hall; Lindzey, 1984, p. 363)

Conforme essa perspectiva, a pessoa "contém dentro de si as potencialidades para a saúde e o crescimento criativo", que não se desenvolvem apenas pelas influências negativas da família e da sociedade, "pelas influências coercitivas e distorcedoras do treinamento parental, da educação e de outras pressões sociais" (Hall; Lindzey, 1984, p. 57). Para o teórico, o homem é um ser racional, livre (não determinado), realizador de seu destino.

Autorrealização, crescimento pessoal e liberdade para escolher são as características do sujeito como pessoa, para Rogers. Ele acredita que os indivíduos têm dentro de si a capacidade de descobrir que a angústia os faz infelizes, o que possibilita um processo de mudança em sua vida para evitar esse sentimento.

É importante destacar que as ideias de Rogers se relacionam à sua experiência profissional, refletindo sua terapia centrada no CLIENTE, em vez de no paciente. Ele considera que o termo *cliente* designa participação ativa, voluntária e responsável do indivíduo – que busca o terapeuta –, ao contrário do termo *paciente*, que associa o indivíduo à doença, como explica Moreira (1999).

Para Hall e Lindzey (1984, p. 363), nessas circunstâncias,

o terapeuta foi capaz de estabelecer um relacionamento intensamente pessoal e subjetivo com o cliente – relacionando-se não como um cientista com um objeto de estudo, não como um médico, esperando diagnosticar e curar – mas como uma pessoa com outra pessoa. Significa que o terapeuta acha que o cliente é uma pessoa de autovalor incondicional; de valor independentemente de sua condição, comportamento ou sentimento.

Moreira (1999, p. 141) ressalta ainda que, para Rogers, "o homem é intrinsecamente bom e orientado para o crescimento: sob condições favoráveis, não ameaçadoras, procurará desenvolver suas potencialidades ao máximo". Por isso, destacamos que sua teoria é humanística e fenomenológica, "no sentido de que, para compreender o comportamento de um sujeito, é importante entender como ele percebe a realidade" (Moreira, 1999, p. 141).

O organismo se realiza segundo as linhas determinadas pela hereditariedade. Ele se torna mais diferenciado, mais expandido, mais autônomo e mais socializado à medida que amadurece. Esta tendência básica de crescimento – realizar-se e expandir-se – é vista com mais clareza quando o indivíduo é observado durante um longo período de tempo. Existe um movimento para a frente da vida de todas as pessoas [...]. (Hall; Lindzey, 1984, p. 370)

O conceito de SELF é importante no trabalho de Rogers. Trata-se de um processo contínuo de reconhecimento que o sujeito realiza:

Dentro do campo de experiências está o self. O self não é uma entidade estável, imutável; entretanto, observado num dado momento, parece ser estável. Rogers concluiu que a ideia do eu não representa uma acumulação de inumeráveis aprendizagens e condicionamentos efetuados na mesma direção... Essencialmente é uma gestalt *cuja significação vivida é suscetível de mudar sensivelmente (e até mesmo sofrer uma reviravolta) em consequência da mudança de qualquer destes elementos. O self é uma* gestalt *organizada e consistente num processo constante de formar-se e reformar-se à medida que as situações mudam. [...] O self, ou autoconceito, é a visão que uma pessoa tem por si própria, baseada em experiências passadas, estimulações presentes e expectativas futuras.* (Fadiman; Frager, 1986, p. 226-227)

Com base no conceito de *self*, Rogers (1971, p. 165) construiu o conceito de SELF IDEAL, compreendido como "o conjunto das características que o indivíduo mais gostaria de poder reclamar como descritivas de si mesmo". A distância entre o *self* e o *self* ideal poderia acarretar no indivíduo insatisfação, desconforto, dificuldades e até um obstáculo para seu crescimento pessoal: "Aceitar-se não é resignar-se ou abdicar de si mesmo; é uma forma de estar mais perto da realidade, de seu estado atual" (Fadiman; Frager, 1986, p. 227).

Valor próprio, consideração, autoestima e percepção positiva de si mesmo são palavras-chave para a realização pessoal na premissa rogeriana: o organismo apresenta uma só tendência e esforço básico – realizar-se, manter-se e desenvolver-se na experiência (Rogers, 1971, p. 96).

Nesse sentido, o ensino deveria ser CENTRADO NO ALUNO, e não mais no professor, pois é o aluno quem aprende. A proposta consiste, assim, na aprendizagem significativa, que compreende um envolvimento pessoal e se caracteriza por ser autoiniciada, penetrante e avaliada pelo educando.

(3.2) A sala de aula

Agora, pense no seguinte cenário: uma sala de aula em que não existem conteúdos mínimos para o aprender e o planejamento não está relacionado ao professor, tampouco ao processo avaliativo. Nesse contexto, os professores são chamados de *facilitadores*, porque sua função é apenas a de auxiliar os educandos com materiais de pesquisa, ou seja, partilhar com eles a responsabilidade pelo processo, prover os recursos de aprendizagem.

Para Rogers, a facilitação da aprendizagem é o maior objetivo da educação. A seguir, explicitamos os princípios da aprendizagem propostos pelo teórico, conforme Moreira (1999, p. 142-144):

a) "Seres humanos têm uma potencialidade natural para aprender", ou seja, nascem com uma TENDÊNCIA NATURAL PARA APRENDER:

"em contato com os problemas da existência, todos querem estudar, desejam crescer, procuram descobrir, esperam dominar, almejam criar" (Justo, 1987, p. 138).

b) "A aprendizagem significante ocorre quando a matéria de ensino é percebida pelo aluno como relevante para seus próprios objetivos" (Moreira, 1999, p. 142): trata-se de perceber a RELEVÂNCIA do que se está estudando, ou seja, é o conteúdo associado à valorização do "eu", das necessidades pessoais.

c) "A aprendizagem que envolve mudança na organização do "eu" – na percepção de si mesmo – é ameaçadora e tende a suscitar resistência" (Moreira, 1999, p. 142): para Rogers, sempre que o indivíduo aprende, ocorre uma mudança na organização do *self* e na percepção de si mesmo – por isso, pode ocorrer RESISTÊNCIA ao aprender.

d) "As aprendizagens que ameaçam o 'eu' são mais facilmente percebidas e assimiladas quando as ameaças externas se reduzem a um mínimo" (Moreira, 1999, p. 143): Rogers exemplifica essa questão por meio do caso de um aluno com dificuldades na leitura. Quando forçado a ler em público, expondo suas dificuldades, ele se sentiria frustrado, desmotivado e ameaçado. Ao realizar um movimento contrário de não exposição do aluno, o professor facilitador contribuiria para a DIMINUIÇÃO DAS AMEAÇAS EXTERNAS.

e) "Quando é pequena a ameaça ao 'eu', pode-se perceber a experiência de maneira diferenciada e a aprendizagem pode prosseguir" (Moreira, 1999, p. 143): esse princípio, relacionado ao anterior, indica que, quando o aluno se sente SEGURO, e não ameaçado, a aprendizagem é facilitada.

f) "Grande parte da aprendizagem significante é adquirida através de atos" (Moreira, 1999, p. 143), ou seja, através da PRÁTICA: é preciso envolver os alunos com questões e problemas de todos os tipos – sociais, políticos, literários etc. –, de modo a propiciar que aprendam por meio da pesquisa.

g) "A aprendizagem é facilitada quando o aluno participa responsavelmente do processo de aprendizagem" (Moreira, 1999, p. 143): assim a aprendizagem significante seria maximizada, pois o aluno busca o conhecimento relacionado aos seus interesses e ao seu ritmo pessoal. Trata-se de uma APRENDIZAGEM VOLUNTÁRIA.

h) "A aprendizagem autoiniciada que envolve a pessoa do aprendiz como um todo – sentimentos e intelecto – é mais duradoura e abrangente" (Moreira, 1999, p. 143): quando a aprendizagem envolve os ASPECTOS COGNITIVO E AFETIVO, o aluno a percebe como própria dele, podendo mantê-la ou abandoná-la em face de uma aprendizagem que considere mais significativa.

i) "A independência, a criatividade e a autoconfiança são todas facilitadas, quando a autocrítica e a autoavaliação são básicas e a avaliação feita por outros é de importância secundária" (Moreira, 1999, p. 143): a ideia central desse princípio é a LIBERDADE associada à AUTOAVALIAÇÃO.

j) "A aprendizagem socialmente mais útil, no mundo moderno, é a do próprio processo de aprender, uma contínua abertura à experiência e à incorporação, dentro de si mesmo, do processo de mudança" (Moreira, 1999, p. 143): o indivíduo deve APRENDER A APRENDER – buscar o conhecimento –, isto é, o professor não ensina, mas facilita a aprendizagem do aluno.

O que seria, então, uma aprendizagem significativa ou significante, de acordo com Rogers?

Aprendizagem significante é, para Rogers, mais do que uma acumulação de fatos. É uma aprendizagem que provoca uma modificação, quer seja no comportamento do indivíduo, na orientação da ação futura que escolhe, ou nas suas atitudes e na sua personalidade. É uma aprendizagem penetrante que não se limita a um aumento de conhecimentos. (Moreira, 1999, p. 142)

Dessa forma, podemos perceber que, para o teórico, como mencionamos, o ensino deve ser centrado no aluno e o professor passa a ser um facilitador: "Autenticidade e capacidade de aceitar o aluno como pessoa e de colocar-se no lugar do aluno são mais relevantes, para criar condições para que o aluno aprenda, do que sua erudição, suas habilidades e o uso que faz de recursos instrucionais" (Moreira, 1999, p. 147).

É preciso trabalhar com apreço, confiança e aceitação no espaço educativo: perceber e aceitar que o aluno tem sentimentos e valores que devem ser creditados. O professor deve ser autêntico, real, em vez de disfarçar o que está sentindo em determinado momento, considerando-se, evidentemente, que o respeito para consigo e para com o outro deve sempre estar presente.

Em outros termos, é fundamental que o professor aceite o aluno como ele é, não como gostaria que fosse, buscando a construção da compreensão empática.

Portanto, cabe ao aluno a confiança em sua capacidade de aprender por si mesmo, planejar/escolher seu próprio programa de estudos, ter disciplina e fazer sua autoavaliação, sendo a aprendizagem significativa adquirida na prática. Resumindo, ao aluno cabe buscar o conhecimento e ao professor, facilitar sua busca.

Vale destacar, por fim, que algumas regras são necessárias para instaurar um ambiente de aprendizagem significativa, e elas devem ser propostas pelo professor facilitador:

- estruturar a aprendizagem com base em problemas reais;
- disponibilizar recursos, tais como livros, laboratórios, CDs e DVDs;
- elaborar um contrato de trabalho, realizado antecipadamente;
- dividir o trabalho em pequenos grupos;
- orientar a pesquisa;
- construir a autoavaliação do aluno.

A questão que poderia ser levantada é se a aplicação dessa proposta de aprendizagem seria possível no Brasil, tendo em vista que se podem dirigir algumas críticas às ideias da antipedagogia, ou pedagogia não diretiva.

Uma dessas críticas refere-se ao fato de que a prática do *laissez-faire* se esconderia por trás das ações do professor facilitador: deixar o aluno fazer, enquanto ele finge que aprende. Essa prática seria o resultado da falta de um planejamento criativo, ousado e problematizador, realidade que, eventualmente, pode ser observada nos dias atuais.

Além disso, em um contexto social, econômico e cultural como o do Brasil, como exigir dos alunos conhecimentos prévios, organização afetiva e processos de autoavaliação?

A teoria de Rogers, no entanto, possibilita um olhar ainda pouco explorado, mas que é essencial para a prática pedagógica e para a vida: acreditar no outro e acreditar nas próprias possibilidades e potencialidades – acreditar que o "eu" e o "outro" são capazes de se transformar, de criar, de recriar, de realizar e de se reinventar quando necessário.

Atividade

1. Com base nas ideias de Rogers a respeito do *self*, da aprendizagem, da aprendizagem significativa, do professor facilitador, entre outras, descreva os alicerces de um planejamento com premissa rogeriana. Não se esqueça de determinar quem deverá planejar, avaliar e estruturar o trabalho a ser efetivado em sala de aula.

(4)

Teoria psicogenética: a perspectiva de Piaget

Neste capítulo, abordaremos a perspectiva de um teórico relacionado à psicologia da educação: Piaget. O objetivo é apresentar suas ideias referentes ao desenvolvimento humano e à aprendizagem.

(4.1) As ideias de Piaget

O ser humano sempre se fez alguns questionamentos relacionados à aprendizagem: O que é conhecimento? Como o sujeito aprende, como conhece algo? Como alcança o conhecimento válido? Qual é a relação entre conhecimento e ação sobre o objeto? Algumas respostas para essas perguntas podemos descobrir ao estudar a obra de Jean Piaget, biólogo por formação que se tornou um estudioso das questões epistemológicas ao fazer essas mesmas indagações.

O autor define a EPISTEMOLOGIA GENÉTICA como a disciplina que estuda os mecanismos e os processos mediante os quais se passa dos "estados de menor conhecimento aos estados de conhecimento mais elevado – proximidade ao conhecimento científico" (Martí, citado por Coll, 1996). Pelo método psicogenético, Piaget estudou como os sujeitos passam de um estado para o outro, o que é chamado de *transcurso do desenvolvimento*.

Mas como o indivíduo se desenvolve e aprende, conforme a teoria de Piaget?

Para o teórico, o nível de competência intelectual do sujeito, em determinada etapa de seu desenvolvimento, "dependeria de seus esquemas, do número dos mesmos e da maneira como se combinam e se coordenam entre si" (Martí, citado por Coll, 1996, p. 106).

Assim, para Piaget, o desenvolvimento cognitivo no sujeito é uma sucessão de estágios e subestágios, nos quais os esquemas se organizam e se combinam entre si, formando estruturas. Tais estágios ou períodos de desenvolvimento são assim identificados pelo autor: sensório-motor, pré-operacional, operatório concreto e operatório formal.

O ESTÁGIO SENSÓRIO-MOTOR estende-se aproximadamente do nascimento até os 2 anos de idade. Nesse período, a criança conhece o mundo por meio da manipulação, ou seja, por meio da percepção e dos movimentos.

O ESTÁGIO PRÉ-OPERATÓRIO OU PRÉ-OPERACIONAL estende-se dos 2 aos 7 anos, aproximadamente. Esse período é marcado pelo surgimento da linguagem, o que acarreta modificações significativas nas áreas intelectual, afetiva e social. O egocentrismo nessa fase se faz presente, e o pensamento é caracterizado por apresentar uma relação entre realidade e fantasia. A maturação neurofisiológica se completa, permitindo o desenvolvimento de novas habilidades.

O ESTÁGIO OPERATÓRIO CONCRETO coincide com o início da escolarização formal, pois estende-se dos 7 aos 11 anos, aproximadamente. Esse período é caracterizado pelo início da construção lógica, ou seja, o sujeito consegue realizar uma ação física ou mental dirigida para um objetivo, revertendo-a para seu início. Existe a necessidade de trabalhar com o concreto.

Por fim, no ESTÁGIO OPERATÓRIO FORMAL, após os 12 anos, o sujeito utiliza o pensamento formal e deixa de existir a necessidade da presença ou manipulação física dos objetos (concreto). A linguagem e a afetividade estão em contínuo desenvolvimento, e o sujeito busca, nessa fase, construir e respeitar valores morais e sociais.

Cada estágio, para Piaget, "marca o advento de uma etapa de equilíbrio, uma etapa de organizações das ações e operações do sujeito descrita mediante uma estrutura lógico-matemática" (Martí, citado por Coll, 1996, p. 106). O teórico destaca que nos estágios a ordem de sucessão é constante, isto é, caracterizam-se por uma forma de organização, e as estruturas que correspondem a um estágio se integram ao estágio seguinte.

Piaget considera que quatro fatores de desenvolvimento estão presentes na mudança das estruturas:

1. MATURAÇÃO – Compreendida como o desdobramento das possibilidades mentais relacionadas aos aspectos físicos do sistema nervoso, é o produto de interações entre o genoma – conjunto de genes – e o ambiente. O organismo, com a experiência física sobre os objetos, gera condições de aprendizagem.
2. EXPERIÊNCIA FÍSICA SOBRE OS OBJETOS – "O sujeito age sobre o objeto e, pela abstração das suas ações se exercendo sobre os objetos, descobre as propriedades físicas deste objeto, bem como as propriedades observáveis das ações" (Rangel, 1992, p. 22).

3. EXPERIÊNCIA COM SUJEITOS – Ocorre, para Piaget, por meio da interação do sujeito com o meio social, da transmissão social presente também no processo educativo. Porém, ele destaca que o sujeito deveria assimilar conceitos presentes no meio social.
4. EQUILIBRAÇÃO – Atua a título de coordenação. É um fator interno, porém não geneticamente programado, concebido como o motor do desenvolvimento. Para Piaget, conforme Rangel (1992, p. 31), a equilibração é um "Fator essencial e determinante ao desenvolvimento do indivíduo neste processo contínuo de adaptação ao meio em que vive". Rangel (1992, p. 32) ainda salienta que "este processo de regulação e de compensação se dá através dos mecanismos de assimilação e acomodação".

Chiarottino (1984, p. 67) ajuda a esclarecer o entendimento de Piaget:

> *o ser humano, segundo Piaget, nasce com a possibilidade de, em contato com o meio, construir seus esquemas de ação e de coordená-los em sistemas. Ao se construírem em nível exógeno, esses esquemas dão origem a uma transformação em nível endógeno ou neuronal que permitirá novas concepções de estímulo do meio. A esses, o organismo responderá, construindo outros esquemas de ação, provocando, concomitantemente, novas transformações em nível neuronal, que se constituirão nas estruturas mentais.*

Assim, o sujeito, ao interagir com o mundo e com os objetos nele presentes, age sobre ele e sofre a influência de sua ação sobre si, em um constante processo de adaptação, entendido como trocas de ação entre o meio e o sujeito, o qual se constitui em "um indivíduo ativo, capaz de transformar esta realidade na qual interage e de transformar a si mesmo, construindo seus conhecimentos, ou seja, a sua própria inteligência" (Chiarottino, 1984, p. 30).

Dois mecanismos estão presentes na ação do sujeito sobre os objetos de conhecimento: a assimilação e a acomodação, que geram a equilibração. A ASSIMILAÇÃO refere-se ao mecanismo que o sujeito aplica ao procurar compreender seu mundo. Trata-se da captação pelo indivíduo de elementos da realidade externa aos seus esquemas ou estruturas cognitivas. Há três tipos de assimilação:

1. FUNCIONAL/REPRODUTORA – Consiste em repetir uma ação para colocá-la em exercício com o objetivo de consolidá-la.
2. RECOGNITIVA – Consiste em discriminar os objetos assimiláveis a um esquema dado.
3. GENERALIZADORA – Consiste em estender o domínio de um esquema às situações novas vivenciadas.

Por ACOMODAÇÃO entende-se o movimento de ajustamento dos esquemas ou estruturas cognitivas às resistências provocadas pelas novas situações, não passíveis de assimilação pura. Ela surge a partir das perturbações provocadas pelas situações que o sujeito enfrenta.

Assim, por meio da assimilação e da acomodação, chega-se ao processo de EQUILIBRAÇÃO, "que viabiliza o ajustamento interno e a modificação das estruturas do conhecimento" (Rangel, 1992, p. 35). Longo e complexo, manifesta-se desde o estágio sensório-motor até o operatório-formal.

É importante mencionar também que Piaget realizou um estudo acerca da construção da moral no sujeito, considerando a existência de três fases.

A primeira, a ANOMIA, é caracterizada pela ausência de conhecimento de regras sociais e morais e estende-se até os 6 anos de idade. Nesse período, o pensamento da criança é marcado pelo egocentrismo, ou seja, tudo é para si mesma, não existem regras racionais. Segundo Freitas (1999, p. 36),

> Embora não se possa falar ainda em regras propriamente ditas, Piaget acreditava que essas regularidades constituiriam a base sob a qual assentariam as futuras normas racionais: "Ora, o que é essa regra racional senão a regra motora primitiva, mas subtraída do capricho individual e submetida ao controle da reciprocidade?".

A segunda fase, a HETERONOMIA, caracteriza-se pelo respeito às regras ditadas por adultos associados ao convívio da criança. O certo e o errado estão relacionados ao que o sujeito acredita que o adulto julgaria ser melhor. Ainda para Freitas (1999, p. 40),

> A cooperação, ao contrário da coação social, não determina o conteúdo das normas e dos valores que devem ser observados; uma relação de respeito mútuo não impõe senão a norma da própria reciprocidade, que obriga cada um a se colocar no ponto de vista do outro. Em sua pesquisa sobre as regras do jogo, Piaget constatou que é no bojo dessas relações que as regras deixam de ser percebidas pelo sujeito como existentes em si mesmas e passam a depender apenas da livre decisão coletiva. A criança compreende a diferença entre uma norma e uma lei e que nem sempre o que a norma determina é justo.

Por fim, há a AUTONOMIA, caracterizada pela reciprocidade e pela construção dos valores morais e sociais pelo sujeito. De acordo com Freitas (1999, p. 42),

> Em uma troca espontânea de valores, o indivíduo age (presta um serviço ou faz um favor para o outro) tendo por fim o seu sucesso (ser reconhecido, ser valorizado). Nesse caso, a satisfação do outro é apenas um meio para atingir esse fim. Pelo contrário, a ação moral caracteriza-se pela satisfação indefinida de outrem. Indefinida, porque o esforço do indivíduo para satisfazer o outro não é determinado pelo próprio interesse (sucesso, reconhecimento etc.), mas sim pelas possibilidades de satisfazer o outro, isto é, a satisfação do outro deixa de ser um meio e torna-se um fim. Por outro lado, o indivíduo-alvo dessa ação, aquele que recebe o serviço, o favor etc., não a julga em função de sua satisfação pessoal: o resultado obtido não é valorizado segundo a sua escala de valores, mas segundo a intenção do sujeito que age.

Como destacamos, Piaget estudou profundamente algumas questões epistemológicas a fim de esclarecer como os sujeitos conhecem algo. Ele pesquisou como eles passam de um estado de menor conhecimento para outro mais elevado. Na próxima seção, vamos examinar outros aspectos de sua teoria.

(4.2) A construção do número pela criança

A educação matemática, para Piaget, deve estar comprometida com o desenvolvimento progressivo e parcialmente espontâneo das estruturas operatórias do pensamento infantil.

Dessa forma, a construção de conceitos matemáticos se processa pela ação da criança, por meio de sua experimentação ativa, para posterior formalização desses conceitos mediante a linguagem dos sinais operatórios. Ou seja, o indivíduo aprende agindo, inicialmente, por meio da experiência física, que é a ação sobre os objetos propriamente ditos, buscando descobrir suas propriedades físicas (assimilação).

Assim, para o teórico, o conhecimento lógico-matemático representa ações do sujeito sobre os objetos, em que ocorre a assimilação de noções de número, massa, volume, área, comprimento, classe, ordem, tempo, velocidade e peso.

Piaget (1976) propõe três conceitos básicos para a construção do número:

1. CONSERVAÇÃO: invariância do número – É a capacidade de compreender que certos atributos de um objeto são constantes, ainda que tenha a aparência transformada.
2. SERIAÇÃO: relação de ordem entre os elementos – É o modelo de agrupamento que consiste em ordenar os elementos segundo as grandezas crescentes ou decrescentes.
3. CLASSIFICAÇÃO: categorização dos elementos – Trata-se da operação lógica que consiste na capacidade de separar objetos, pessoas, fatos ou ideias em classes ou grupos, tendo por critério uma ou várias características comuns.

Aqui cabe destacar a distinção entre aprendizagem e construção do conhecimento, segundo Piaget. Para ele, a APRENDIZAGEM é um processo limitado a um problema ou situação, sendo provocada por situações diversas. Já o CONHECIMENTO, o conhecer, estaria relacionado à ação sobre o objeto; trata-se de modificar, transformar o objeto, compreendendo esse processo de transformação. Desse modo, qualquer aprendizagem depende do nível cognitivo inicial do sujeito; somente progridem os sujeitos que se encontram em um nível operatório próximo ao da aquisição da noção que será aprendida (Martí, citado por Coll, 1996, p. 112).

Assim, o objetivo da educação, em uma premissa piagetiana, seria potencializar, FAVORECER A CONSTRUÇÃO DAS ESTRUTURAS COGNITIVAS, CONTRIBUIR PARA O DESENVOLVIMENTO DOS ESTÁGIOS PROPOSTOS. E como favorecer tal construção? É preciso associar os conteúdos escolares à competência cognitiva dos sujeitos e relacionar as questões curriculares às noções universais, de modo que a metodologia de ensino explicite que o conhecimento é resultado de um processo de construção, ou seja, da apropriação progressiva de um objeto (suas características) pelo sujeito.

Efetivamente, as ideias de Piaget demonstram que o conhecimento é construído pelo aluno, e não transmitido pelo professor, como propunha a visão tradicional de ensino. Portanto, cabe a professores e familiares propiciar ao sujeito a realização de atividades lúdicas, experiências físicas sobre os objetos, para que este possa agir sobre eles e construir conceitos.

Atividade

1. Leia a seguir o trecho inicial da letra da canção "Estudo errado", de Gabriel, o Pensador.[a]

---

a. Para ler a letra integral da canção, acesse: <https://www.vagalume.com.br/gabriel-pensador/estudo-errado.html>.

Estudo errado

Eu tô aqui pra quê?
Será que é pra aprender?
Ou será que é pra aceitar, me acomodar e obedecer?
[...]
Então eu fui relendo tudo até a prova começar, voltei louco pra contar:
[...]
Quase tudo que aprendi, amanhã eu já esqueci
Decorei, copiei, memorizei, mas não entendi
[...]
Encarem as crianças com mais seriedade
Pois na escola é onde formamos nossa personalidade
Vocês tratam a educação como um negócio onde a ganância
a exploração e a indiferença são sócios
Quem devia lucrar só é prejudicado
Assim cês vão criar uma geração de revoltados
Tá tudo errado e eu já tou de saco cheio
Agora me dá minha bola e deixa eu ir embora pro recreio [...].

FONTE: GABRIEL, O PENSADOR, 1995.

Com base na perspectiva piagetiana, analise as questões sobre desenvolvimento e aprendizagem que se podem depreender desse texto. Em seguida, indique como você modificaria a letra da canção se o título fosse alterado para "Estudo certo".

(5)

Teoria histórico-cultural:
a perspectiva de Vygotsky

Neste capítulo, trataremos da perspectiva de Vygotsky acerca do desenvolvimento humano e da aprendizagem, enfocando aspectos relativos à linguagem, ao brincar e à importância da mediação social.

(5.1) Algumas ideias principais

Maia (2003) destaca que Lev Vygotsky, pesquisador russo, nas décadas de 1920 e 1930, buscava compreender a relação entre linguagem, desenvolvimento e aprendizagem, considerando o processo histórico-cultural e o papel da intervenção social.

Vygotsky (1989, p. 137) parte do pressuposto de que o aprendizado é um processo profundamente social, e o desenvolvimento, "um complexo processo dialético, caracterizado pela periodicidade, irregularidade no desenvolvimento das diferentes funções, metamorfose ou transformação qualitativa de uma forma em outra, entrelaçamento de fatores externos e internos e processos adaptativos".

Para esse pesquisador, o desenvolvimento não é linear. Aprendizado e desenvolvimento estão inter-relacionados desde o nascimento do sujeito, e os atos intelectuais decorrem de práticas sociais. A interação social e o processo de intervenção social são fundamentais para o desenvolvimento do sujeito.

Vygotsky busca, assim, identificar a origem dos processos psicológicos superiores e inferiores. Para ele, os superiores se originam na vida social, na participação do sujeito em atividades compartilhadas com outros – representam a maturidade biológica, o desenvolvimento cultural, a apropriação dos signos. Já os inferiores são caracterizados por um desenvolvimento cultural primitivo, pelo uso das ferramentas e por uma linguagem interna primitiva – o ato de balbuciar.

O pesquisador propõe, então, que "o indivíduo humano se faz humano apropriando-se da humanidade produzida historicamente. O indivíduo se humaniza reproduzindo características historicamente produzidas do gênero humano" (Vygotsky, 1989, p. 93). Nesse sentido, valoriza-se a transmissão da experiência histórico-social, do conhecimento socialmente existente, visto que o processo de internalização – reconstrução interna de uma operação externa – está presente por meio da transformação de um processo interpessoal em um processo intrapessoal – estágios de internalização promovidos na relação com os aprendizes mais experientes.

Vygotsky propõe, ainda, a investigação da riqueza de informações da criança, bem como o estudo de suas outras capacidades que não têm ligação direta com o conhecimento que ela possui, mas que desempenham papel importante em seu desenvolvimento cultural:

> *A criança atravessa determinados estágios de desenvolvimento cultural cada um dos quais se caracterizando pelos diferentes modos pelos quais a criança se relaciona com o mundo exterior; pelo modo diferente de usar os objetos; por formas diferentes de intervenção e diferentes técnicas culturais [...].* (Vygotsky, 1989, p. 214)

Os mecanismos de mudanças individuais têm suas raízes na cultura e na sociedade, e a linguagem é um processo extremamente social que, por meio da interação social, transforma-se em um processo profundamente pessoal.

Na teoria de Vygotsky, destacam-se também os conceitos de ZONA DE DESENVOLVIMENTO PROXIMAL e ZONA DE DESENVOLVIMENTO REAL, que têm relação direta com o processo educativo: "O desenvolvimento real caracteriza o desenvolvimento mental retrospectivamente, enquanto a zona de desenvolvimento proximal caracteriza o desenvolvimento mental prospectivamente" (Vygotsky, 1989, p. 87).

Na zona de desenvolvimento real, encontra-se o saber que já foi construído, elaborado, apropriado pelo sujeito, o que cada um sabe, as funções mentais. Já a zona de desenvolvimento proximal se caracteriza pela apropriação do conhecimento, o que ainda não se conhece e, com a ajuda de um interventor, pode ser desenvolvido. Remete ao futuro imediato do sujeito, seu estado dinâmico de desenvolvimento (Vygotsky, 1989, p. 87).

Nesse contexto, Vygotsky (1989, p. 95) chama atenção para questões da aprendizagem escolar, atribuindo um valor significativo a esse processo. O autor afirma que a aprendizagem escolar é responsável por produzir "algo fundamentalmente novo no desenvolvimento da criança". Para o autor, a escola necessária é a escola voltada a uma educação social.

(5.2) Por trás da linguagem

Para Vygotsky (1991), a cultura não se constitui em um sistema estático, mas em um sistema no qual os indivíduos estão em constante processo, no qual ocorrem a recriação e a ressignificação de informações, conceitos e significados. Isso se deve ao fato de que os significados das palavras são dinâmicos e não estáticos, isto é, alteram-se à medida que os sujeitos se desenvolvem e conforme as diferentes formas pelas quais o pensamento funciona.

É fundamental neste ponto considerar o conceito de *pensamento verbal* do autor: "O pensamento verbal não é uma forma de comportamento natural e inata, mas é determinado por um processo histórico-cultural e tem propriedades e leis específicas que não podem ser encontradas nas formas naturais de pensamento e fala" (Vygotsky, 1989, p. 44).

O autor destaca ainda que a relação entre pensamento e palavra se constitui em um processo contínuo, dinâmico, pois, para ele, "o pensamento não é simplesmente expresso em palavras; é por meio delas que ele passa a existir. Cada pensamento tende a relacionar alguma coisa com outra, a estabelecer uma relação entre as coisas" (Vygotsky, 1989, p. 89).

A criança e o jovem, ao se defrontarem eventualmente com o fato de que os diferentes discursos utilizados por eles em suas comunidades não são vivenciados no espaço educativo escolar, muitas vezes, sentem-se angustiados. Trata-se de diferenças culturais e linguísticas: Como falar, como escrever, como pronunciar as palavras que se encontram impressas nos materiais escritos? Como organizar o pensamento através de estruturas sintagmáticas? O que é certo e o que é errado na fala e na língua?

São dúvidas, questionamentos, problematizações que se fazem presentes no cotidiano desses sujeitos que buscam o espaço educativo para mudarem sua situação de vida econômica, social e cultural.

Nessa busca, porém, esbarram, muitas vezes, em um ler e escrever considerado único – o culto –, em um contexto no qual não há espaço para o saber popular, para as pronúncias e escritas diferenciadas:

Por trás das palavras existe a gramática independente do pensamento, a sintaxe dos significados das palavras. O enunciado mais simples, longe de refletir uma correspondência constante e rígida entre o som e o significado, é na verdade um processo. As expressões verbais não podem surgir plenamente formadas; devem se desenvolver gradativamente. Esse complexo processo de transição do significado para o som deve, ele próprio, ser desenvolvido e aperfeiçoado. A criança deve aprender a distinguir entre a semântica e a fonética e compreender a natureza dessa diferença. (Vygotsky, 1989, p. 92)

Se Vygotsky salienta a importância de a criança compreender a natureza da diferença entre semântica e fonética, resta-nos afirmar a dificuldade da compreensão dessa relação por sujeitos que não ingressaram na escola na faixa etária considerada adequada. Quando ingressam, uma vez que os conceitos, as relações linguísticas e o desenvolvimento da linguagem não foram trabalhados no cotidiano pedagógico, ocorre uma ausência de problematização por parte desse sujeito do que seriam fala e língua, escrita e leitura: "Na escrita, como o tom da voz e o conhecimento do assunto são excluídos, somos obrigados a utilizar muito mais palavras, e com maior exatidão. A escrita é a forma de fala mais elaborada" (Vygotsky, 1989, p. 92).

Enfim, para trabalhar a linguagem conforme essa perspectiva, é possível utilizar, por exemplo, alguns trava-línguas — textos curtos rimados que apresentam dificuldade na hora da pronúncia e que possibilitam um trabalho relacionado à articulação de palavras. Essa atividade pode resultar de um resgate cultural de parlendas ou trava-línguas do cotidiano dos próprios alunos, como os reproduzidos a seguir:

> *Perlustrando patética petição produzida pela postulante, prevemos possibilidade para pervencê-la porquanto perecem pressupostos primários permissíveis para propugnar pelo presente pleito, pois prejulgamos pugna pretérita perfeitíssima.*
>
> *Não confunda ornitorrinco com otorrinolaringologista, ornitorrinco com ornitologista, ornitologista com otorrinolaringologista, porque ornitorrinco é ornitorrinco, ornitologista é ornitologista, e otorrinolaringologista é otorrinolaringologista.*
>
> *Sábia não sabia que o sábio sabia que o sabiá sabia que o sábio não sabia que o sabiá não sabia que a sábia não sabia que o sabiá sabia assobiar.*

Incentivar, estimular, valorizar os conhecimentos linguísticos de crianças, familiares e comunidade são ações importantíssimas na perspectiva vygotskiana, pois isso corresponde ao entendimento de que o desenvolvimento e a aprendizagem ocorrem a partir de MEDIAÇÕES SOCIAIS – palavra-chave para Vygotsky.

(5.3) O brincar e o brinquedo

Vygotsky (1989, 1997, 1998) realiza uma análise histórico-social do brincar infantil em sua obra, mostrando o brincar como uma atividade social cuja natureza e origem específica seriam elementos fundamentais para o desenvolvimento cultural da criança, influenciando sua compreensão da realidade.

O brinquedo, segundo o autor, é o principal meio de desenvolvimento cultural da criança: "O brinquedo dirige o desenvolvimento" (Vygotsky, 1989, p. 146). A IMAGINAÇÃO é o brinquedo sem ação.

O processo de imitação no brincar possibilita a aprendizagem, atuando, assim, nas zonas de desenvolvimento proximal e real. Não se constitui, pois, em uma atividade puramente mecânica: perceber o que está sendo aprendido, reproduzido, imitado pela criança no brincar é uma forma de averiguar como esse sujeito está pensando, construindo seu conhecimento por meio das relações sociais.

O brinquedo estabelece uma zona de desenvolvimento proximal, em virtude das situações imaginárias presentes, das regras de comportamento socialmente fixadas e da presença de uma situação social. O brincar promove uma interface entre o domínio de si e a construção da alteridade – construção interna que implica reciprocidade.

É no brincar que a criança se comporta além do seu comportamento habitual, diário, segundo Vygotsky. As experiências vivenciadas pela criança no brincar propiciam desafios, situações novas, as quais possibilitam a formulação de propostas, por parte da criança, de modificação do apresentado, visto que a brincadeira permite, além da imitação, o desenvolvimento da imaginação e da regra.

Não existe, conforme Vygotsky (1989), um brincar sem regra, pois, mesmo ao brincar de casinha, a criança tem em mente dois tipos de regras: a social e a própria regra construída na brincadeira.

Partindo desse pressuposto, o autor alerta que nem sempre o brincar/jogar produz sentimentos positivos, afirmando que a criança passa a operar com as regras sociais no brincar, abandonando suas regras individuais. A frustração, o medo e a ansiedade encontram-se presentes no brincar, por meio dos processos de intervenção realizados, o que faz com que o sujeito problematize esses sentimentos, construindo, assim, novas relações de enfrentamento dessas questões.

Elkonin (1980, p. 46), colaborador de Vygotsky e integrante da Escola Russa de Psicologia e Pedagogia, aprofundou seus estudos na área do jogo/brinquedo. Para esse autor, o brincar/jogar seria uma atividade social, humana, que supõe contextos sociais e culturais: "Essa atividade tem, portanto, uma origem e uma natureza histórica e social" [tradução nossa].

O jogo/brinquedo reconstrói as relações sociais, sem fins utilitários diretos. Trata-se de uma variedade da prática social, que apresenta um caráter coletivizador: "O jogo protagonizado influi, sobretudo, na esfera da atividade humana, do trabalho e das relações entre as pessoas e, por conseguinte, o conteúdo fundamental assumido pela criança é, precisamente, a reconstituição desse aspecto da realidade" (Elkonin, 1980, p. 32, tradução nossa).

O autor visa sinalizar, portanto, que o conteúdo do brinquedo expressa as relações sociais estabelecidas pelo sujeito em sua vida social e de trabalho: "O conteúdo do jogo revela a penetração mais ou menos profunda da criança na atividade dos adultos" (Elkonin, 1980, p. 35, tradução nossa).

Para Elkonin (1980), são sempre os adultos que introduzem os brinquedos na vida das crianças, ensinando-as a brincar. Nesse sentido, a modificação do brincar está associada ao processo de desenvolvimento cultural dos povos: a sociedade determina os instrumentos lúdicos das crianças.

O brincar, desse modo, jamais se apresenta de uma forma continuada, de geração a geração, sem que um processo de resgate seja efetuado. Cada sociedade constrói, portanto, uma espécie de cultura lúdica: objetos que são substituídos por outros com ações convencionadas arraigadas a eles.

Elkonin (1980) ressalta, ainda, que o jogo existe em uma esfera de realidade e que em nenhum momento trabalha com a irrealidade. A criança atua no jogo com objetos da vida real – um jogo orientado para o futuro, não para o passado.

(5.4) Algumas questões para a prática educativa

Segundo Smolka (2000), Vygotsky entende que são as relações que o indivíduo estabelece com a sociedade que definem o modo como ele se relaciona com os outros, bem como sua forma de pensar e agir. Nas palavras da autora,

> Vygotsky muda o foco da análise psicológica: não é o que o indivíduo é, 'a priori', que explica seus modos de se relacionar com os outros, mas são as relações sociais nas quais ele está envolvido que podem explicar seus

modos de ser, de agir, de pensar, de relacionar-se. De fato, "o indivíduo se desenvolve naquilo que ele é através daquilo que ele produz para os outros. Este é o processo de formação do indivíduo (...). Na sua esfera particular, privada, os seres humanos retêm a função da interação social (Vygotsky, 1981, pp. 162, 164)". (Smolka, 2000, p. 30-31)

Assim, para trabalhar conforme essa perspectiva em sala de aula, é preciso investir em filmes, desenhos, livros, parlendas, trava-línguas; explorar as distintas variações linguísticas presentes nas letras relacionadas a gêneros musicais diversos, como o *funk*, o pagode, o sertanejo, o *rap* e o *rock*; utilizar charges, histórias em quadrinhos e outros recursos nas propostas pedagógicas.

Para Vygotsky, essas variações de interação social propiciadas pela exploração linguística são essenciais para a construção da zona de desenvolvimento proximal do sujeito.

É importante criar momentos lúdicos associados à leitura de livros, como a contação de histórias, e isso pode ser realizado por meio de teatro de bonecos, jogos teatrais e brincadeiras que envolvam o movimento, a exploração da linguagem, a percepção, a atenção e a memória. Essas histórias estimulam a brincadeira, a imaginação, a ousadia, a criatividade e, principalmente, o desejo pelo aprender.

Atividade

1. Realize uma pesquisa sobre os diversos estilos musicais disseminados atualmente e reflita sobre os diferentes dialetos e formas de expressão linguística associados a cada um, bem como sobre os aspectos referentes à cultura, à sociedade e às relações sociais expressos nas letras das canções. Depois elabore um texto em que você destaque a importância do desenvolvimento linguístico para as pessoas viverem em sociedade.

(6)

A construção da inteligência:
novas tessituras

Neste capítulo, examinaremos o processo histórico da construção do conceito de *inteligência*, bem como a teoria das inteligências múltiplas propostas por Gardner e sua relação com o desenvolvimento e a aprendizagem.

(6.1) Histórico da inteligência: três pressupostos associados à definição do conceito

Alencar (1986, citado por Maia, 2000), por meio de uma análise dos registros históricos de várias culturas, destaca que manter interesse por aqueles indivíduos que manifestam habilidades superiores sempre esteve presente em diferentes localidades e em vários momentos da história.

Na China, buscava-se localizar crianças inteligentes, que eram encaminhadas à corte, onde recebiam um tratamento especial. A habilidade literária, manifestada por meio da produção de ensaios e poesias, era altamente valorizada. Na Grécia Antiga, também se concedia atenção especial à inteligência superior. Platão as chamava de *crianças de ouro*. Na Turquia, durante o século XV, um sultão fundou uma escola em um palácio em Constantinopla para recrutar os meninos mais fortes e inteligentes, independentemente de sua classe social, conforme Maia (2000).

A procura por pessoas mais inteligentes existe na história da humanidade desde a Antiguidade e sempre foi um tema bastante estudado. Vários pesquisadores salientam que três pressupostos podem ser historicamente associados à definição do conceito de *inteligência*: hereditariedade, classificação e medição.

O primeiro pressuposto – a HEREDITARIEDADE – estabeleceu-se com os gregos e os romanos, traduzido em seu ideal de corpo (o soldado) e em seus destaques literários (os grandes filósofos).

Ainda hoje há defensores dessa visão: na China, o governo propõe e oficializa a união de grandes cientistas, acreditando que seus filhos serão superiores cognitivamente, ou seja, filhos de sujeitos brilhantes serão também brilhantes e, assim, perfeitos. No entanto, desconsidera-se que a inteligência não é transmitida biologicamente, de pai para filho.

O segundo pressuposto – a CLASSIFICAÇÃO – atrela-se ao pressuposto da medição. Por *classificação* entende-se a inclusão do sujeito em determinado nível de inteligência, ou seja, ele é classificado como inteligente ou não inteligente – o que é uma prática muito comum nas salas de aula, no passado e no presente.

Descartes contribuiu com essa visão classificatória ao postular que a razão, a racionalidade, estava acima de tudo, principalmente da emoção. Ainda hoje algumas pessoas afirmam, com base nesse argumento, que as áreas de ciências exatas e biológicas são superiores e mais importantes que a de ciências humanas. Outra suposição também surgiu pelo pressuposto da classificação: a visão de que os homens seriam mais inteligentes do que as mulheres.

O último pressuposto – a MEDIÇÃO – é associado ao pesquisador francês Alfred Binet, que criou o primeiro teste de inteligência. Primeiramente, é importante entender o que significa a palavra *medir*. Conforme o dicionário *Houaiss*, significa "determinar, avaliar, por meio de instrumento ou utensílio de medida [...]; mensurar" (Houaiss; Villar, 2001, p. 1879).

Em 1908, o governo francês, por meio do Ministério da Educação, solicitou a Binet que elaborasse uma bateria de testes de inteligência que pudessem ser utilizados nas escolas, com o intuito de auxiliar as crianças que apresentassem dificuldades na aprendizagem ou na aquisição de conhecimento. Nascia, assim, a Escala Binet-Stanford. Infelizmente, o trabalho desenvolvido pelo pesquisador não conseguiu estruturar-se como prevenção para as dificuldades de aprendizagem. É necessário salientar que, geralmente, os três pressupostos estão presentes ao mesmo tempo no processo avaliativo.

Mais tarde, surgiram os testes de inteligência de David Wechsler. O Quadro 6.1 refere-se à medição da inteligência obtida por meio do Wechsler Intelligence Scale for Children (Wisc). O coeficiente de inteligência (Q.I.) é definido, principalmente, por meio desse teste, que possibilita a CLASSIFICAÇÃO INTELECTUAL segundo o *score* proposto.

Quadro 6.1 – Score de Q.I. segundo o Wisc

QI PADRÃO	CLASSIFICAÇÃO
130 +	Muito superior
120-129	Superior
110-119	Normal elevada
90-109	Média
80-89	Normal fraca
70-79	Limite
69 -	Débil

FONTE: SCHIFF, 1993, P. 36.

A crítica a esse modelo se baseia, por exemplo, na análise de inteligência de Einstein, que é considerado um gênio da humanidade, mas teve o Q.I. avaliado em menos de 70 pontos. Pela classificação apresentada, ele seria considerado deficiente mental. Portanto, há necessidade de repensar esses testes.

Beyer (1997, p. 69, citado por Maia, 2000) alerta para os perigos dos testes padronizados:

Classificar as possibilidades individuais conforme determinada faixa de mensuração definida através das habilidades de caráter estritamente lógico/indutivo é injusto tanto para a classificação dos sujeitos com subdotação quanto dos sujeitos superdotados que, apesar de possuírem habilidades extraordinárias, não pontuem excepcionalmente num teste de Q.I.

Teste de Q.I., Scholastic Aptitude Test (SAT), Wechsler Intelligence Scale for Children (Wisc), Teste Stanford-Binet e Escala Terman são alguns testes utilizados para a medição da inteligência no mundo e no Brasil, segundo Winner (1998) e Alencar (1986). Sobre esse assunto, cabe considerar o que afirma Vygotsky (1989, p. 38):

Todo inventor, por genial que seja, é sempre produto de sua época e de seu ambiente [...]. A obra criadora constitui um processo histórico consecutivo onde cada nova forma se apoia nas precedentes [...]. Por muito individual que pareça, toda criação encerra sempre em si um coeficiente social. Neste sentido não há invenções individuais no sentido estrito da palavra, em todos existe sempre uma colaboração anônima.

Fatores sociais, cultura e história do sujeito deveriam ser levados em conta no processo de avaliação. É necessário observar comportamentos e desempenhos como forma de conhecer, desenvolver e respeitar as potencialidades dos sujeitos.

Quando nos referimos a um Q.I. alto, confundimos habilidade com homogeneidade, *score* alto com capacidade. As habilidades seriam diferenciadas entre si, assim como o ato de criar, a imaginação, os sonhos, as pedras no caminho e, principalmente, as desigualdades.

Atualmente, novas pesquisas contribuem para a discussão acerca dos princípios norteadores de uma avaliação estática que não colabora para o desenvolvimento global do sujeito. Um dos estudos atuais que buscam problematizar essas questões é o de Gardner: a teoria das inteligências múltiplas.

(6.2) Teoria das inteligências múltiplas

Maia (2000) destaca que a teoria das inteligências múltiplas, proposta por Howard Gardner, pesquisador norte-americano, em 1983, baseia-se na psicologia desenvolvimentista e na neuropsicologia. O pesquisador visou salientar que o ser humano é capaz de desenvolver diferentes inteligências, que funcionam independentemente, mas estão combinadas em quase todas as atividades razoavelmente sofisticadas.

As inteligências múltiplas foram classificadas originalmente em sete tipos; atualmente são caracterizados oito. Gardner ainda desenvolve trabalhos com outros pesquisadores, referindo outras inteligências em estudo. O pesquisador acredita que a inteligência é a capacidade de resolver problemas ou de criar produtos que sejam valorizados no contexto de um ou mais cenários culturais.

Gardner ressalta que testes e avaliações analisam somente habilidades tradicionalmente valorizadas, como as capacidades verbal e lógico-matemática. As capacidades artísticas e psicomotoras, por exemplo, não são visualizadas nos processos avaliativos. Desse modo, escola, professores e família deveriam estimular o desenvolvimento dos diversos tipos de inteligência, aproveitando aquelas que são originalmente mais evidenciadas no fazer cotidiano dos sujeitos.

A teoria de Gardner, como ele próprio afirma, não comporta testagem. Assim, a avaliação das inteligências múltiplas pode ser realizada por meio da observação das atividades desenvolvidas diariamente pelo sujeito e de suas inclinações e interesses. As faculdades humanas – inteligências – já descritas por Gardner e seus colaboradores são oito, como destaca Maia (2005, p. 167):

1. LINGUÍSTICA – É a capacidade de usar a linguagem para transmitir ideias, convencer, agradar, estimular. Refere-se à sensibilidade para as diferentes funções da linguagem, para sons, ritmos e significados das palavras. Escritores e poetas são exemplos dessa inteligência.
   ATIVIDADES PEDAGÓGICAS RELACIONADAS: trabalho em sala de aula e no cotidiano com *cartoons*, histórias em quadrinhos, análise de filmes, documentários, imagens, poemas, poesias, trava-línguas, parlendas, letras de músicas etc.

2. LÓGICO-MATEMÁTICA – É a habilidade para lidar com uma série de raciocínios, para explorar padrões, levantar hipóteses, ordenar, explorar relações e categorias, reconhecer problemas e resolvê-los. Exemplos dessa inteligência são engenheiros e matemáticos.
   ATIVIDADES PEDAGÓGICAS RELACIONADAS: jogos como resta 1, rapa tudo, dominó, amarelinha/sapata, problemas matemáticos, experiências iniciais com a matemática – dentro, fora, de um lado, de outro etc.

3. MUSICAL – É a habilidade para produzir ou reproduzir uma peça musical, para discriminar sons, para perceber temas musicais, ritmos, texturas e timbres, para apreciar música, tocar um

instrumento, compor. Cantores, instrumentistas e compositores são exemplos dessa inteligência.

ATIVIDADES PEDAGÓGICAS RELACIONADAS: exploração de ritmos e sons, escuta de músicas, músicas infantis, cantigas de roda etc.

4. ESPACIAL – É a habilidade para manipular formas ou objetos mentalmente e, a partir das percepções iniciais, criar uma representação visual ou espacial. Refere-se à capacidade de perceber o mundo espacial e visual de forma precisa. Arquitetos e cenógrafos são exemplos dessa inteligência.

    ATIVIDADES PEDAGÓGICAS RELACIONADAS: jogos como Lego®, quebra-cabeça, Resta 1; trabalhos na área das artes, como modelagem e trabalhos tridimensionais.

5. CINESTÉSICA – É a habilidade para resolver problemas ou criar produtos através do uso de parte ou de todo o corpo. Refere-se à capacidade para usar a coordenação fina ou ampla em esportes, artes cênicas ou plásticas, no controle do corpo e na manipulação de objetos com destreza. Dançarinos, cirurgiões e atletas são exemplos dessa inteligência.

    ATIVIDADES PEDAGÓGICAS RELACIONADAS: movimentos com o corpo, dança, teatro, jogos/brincadeiras cantadas, práticas esportivas, entre outras.

6. INTERPESSOAL – É a capacidade para entender outras pessoas e interagir com elas, para entender os humores, os temperamentos, as motivações e os desejos de outros. Líderes, executivos e diplomatas são exemplos dessa inteligência.

    ATIVIDADES PEDAGÓGICAS RELACIONADAS: discussões argumentativas em pequenos grupos, construção de normas de convivência, interação e mediação social etc.

7. INTRAPESSOAL – É a habilidade para ter acesso aos próprios sentimentos e, por consequência, às emoções dos outros. Refere-se ao reconhecimento das próprias habilidades, limitações, necessidades, desejos e inteligências, à capacidade para formular uma imagem precisa de si mesmo e usar essa imagem para planejar e direcionar a própria vida. Exemplos dessa inteligência são professores, assistentes sociais, psicólogos e médicos.

Atividades pedagógicas relacionadas: interação e mediação social, atividades de relaxamento, descoberta de si e do outro etc.
8. Ecológica – É a capacidade para elaborar estratégias associadas à educação ambiental, à preocupação voltada para a resolução de problemas associados ao meio ambiente. Biólogos, ambientalistas, entre outros, são exemplos dessa inteligência.
Atividades pedagógicas relacionadas: pesquisas de campo, pesquisas ambientais, educação ecológica etc.

Com sua teoria, Gardner busca salientar a pluralidade da mente e a ineficácia da medição, da classificação e do pressuposto da hereditariedade. Diferentes inteligências fazem parte da constituição dos sujeitos, o que significa que eles possuem inteligências diferenciadas a serem trabalhadas e valorizadas. Cabe à família, à sociedade e ao educador, principalmente, desenvolvê-las e respeitá-las.

Atividade

1. Leia a seguir o início da letra da canção "Inútil", lançada pela banda Ultraje a Rigor.[a]

> *Inútil*
>
> *A gente não sabemos escolher presidente*
> *A gente não sabemos tomar conta da gente*
> *A gente não sabemos nem escovar os dente*
> *Tem gringo pensando que nóis é indigente*
> *[...]*

Fonte: Moreira, 1985.

a. Para ler a letra integral da canção, acesse: <https://www.vagalume.com.br/ultraje-a-rigor/inutil.html>.

Com base na reflexão sobre a letra dessa canção, pense sobre o conceito de *inútil* e a questão de as pessoas fazerem escolhas equivocadas na vida. Depois, elabore duas atividades escolares considerando a teoria das inteligências múltiplas de Gardner, especialmente as inteligências intrapessoal e interpessoal.

(7)

Infância, cultura juvenil,
idade adulta e velhice:
novos rumos conceituais, apenas?

Neste capítulo, enfocaremos o desenvolvimento do sujeito na infância, na adolescência, na idade adulta e na terceira idade, considerando concepções propostas pela psicologia social e pela filosofia, entre outras áreas de conhecimento.

(7.1) A criança hoje

Já não é comum ver crianças entre 5 e 6 anos de idade nas praças, brincando de jogos cantados e cantigas de roda, ou brincando de amarelinha/sapata, esconde-esconde, pega-pega, cinco-marias, bilboquê, pião, ou ainda cantando músicas infantis. Atualmente, a maioria das crianças está nos *shopping centers* ou escutando música em seu MP3 e talvez pensando em namorar, o que poderia nos levar a considerar a hipótese de erotização da infância.

Para definir quem são as crianças hoje e para conceituar *criança* e *infância* no presente, Maia (2005) destaca, utilizando as ideias de Ariès (1981), que o conceito de *infância* atualmente aceito começou a fortalecer-se no século XVII e atingiu seu apogeu no século XX, sendo apenas uma miragem antes do Renascimento. A infância individualizada esteve ausente da representação iconográfica – em túmulos, pinturas religiosas etc. – antes do século XIII. A partir daí, apareciam, no máximo, como adultos miniaturizados[a].

O alto índice de mortalidade infantil desestimulava os sentimentos referentes às crianças: "O sentimento de que se faziam crianças para conservar apenas algumas era e durante muito tempo permaneceu muito forte" (Ariès, 1981, p. 102). Nesse sentido, não estavam dotadas de personalidade integral. Nasciam e desapareciam feito animais domésticos; eram enterradas no quintal. No máximo, serviam de distração nos primeiros anos. Eram "bichinhos engraçadinhos" e, depois, perdiam-se entre os adultos. Antes do século XVI, não havia distinção de vestuário: a diferenciação sexual infantil quase não existia – mesmos trajes, mesmos brinquedos.

O lúdico tinha enorme relevância: crianças e adultos brincavam sem distinção. As atividades lúdicas propostas eram realizadas

---

a. Para Ariès (1981), esse conceito remete a uma criança vista como um pequeno adulto, ou seja, travestida de adulto – em seus gestos, vestuário etc.

por todos, sem preocupação de idade ou sexo: brincar com bonecas, cata-ventos, piões, jogos cantados. A dança e os jogos com bolas também faziam parte do cotidiano dos sujeitos. A sexualidade estava sob o olhar dos pequeninos; nada se escondia.

Na modernidade[b], a criança foi separada do imaginário adulto e a escola assumiu o papel preponderante de educá-la, em um processo de enclausuramento, de segregação.

Da família medieval à família moderna, transformações ocorreram a partir das relações afetivas estabelecidas com as crianças. A família moderna definiu-se na mesma época do surgimento da escola, da estruturação dos cômodos nas casas: "A reorganização da casa e a reforma dos costumes deixaram um espaço maior para a intimidade, que foi preenchida por uma família reduzida aos pais e às crianças" (Ariès, 1981, p. 122), excluindo-se criados, amigos e clientes.

Nas considerações finais de sua obra, Ariès (1981) alerta que a densidade social não deixava lugar para a família. Na verdade, ela não existia como sentimento ou valor, somente como realidade vivida, até o século XVI. Assim, na Idade Média, a única função da família era assegurar a transmissão de vida, bens e nome.

Na modernidade, a família assumiu uma função moral e espiritual, passando a formar os corpos e as almas: "O sentimento de família, o sentimento de classe e talvez em outra área, o sentimento de raça, surgem, portanto, como as manifestações de uma mesma preocupação, a uniformidade" (Ariès, 1981, p. 252). E dois sentimentos

---

b. A pré-modernidade é compreendida como um processo histórico anterior ao século XVII, no qual o modo de vida estava relacionado à sobrevivência dos sujeitos e à ausência de conceitos como *família* (tal como a que se configurou como família moderna), *infância* e *criança*. Foi nessa época que surgiram os primeiros tratados de civilidade. A modernidade é entendida, conforme Max Weber, como um processo de racionalização da vida social no término do século XVII, em que o sujeito passou a ser visto como consumidor. Por fim, a época atual seria considerada como pós-moderna, estruturada a partir da segunda metade do século XX, com o advento da sociedade de consumo e do *mass media*, associados à queda das grandes ideologias modernas e de ideias centrais como história, razão e progresso.

associados à infância fizeram-se presentes: idade da corrupção *versus* idade da inocência[c].

Gélis (1991, p. 326), buscando reconstruir o processo histórico de individualização da criança, destaca que a criança da realeza, desde o início, já nascia pública, pois todos os seus atos eram observados e registrados, especialmente se era um delfim.

Já para as crianças que não eram da realeza, havia o público e o privado. O público era representado pelas redes sociais, e o privado, pelos pais. Assim, "o que mudou ao longo dos séculos clássicos foi a parte respectiva de um e de outro. O estudo da situação da criança remete, pois, constantemente a vários níveis de representações e de práticas [...]", explicita Gélis (1991, p. 327). Talvez a dificuldade em conceituar *infância* e *criança* esteja ligada à problemática de quais seriam, na atualidade, esses níveis.

Postman (1999) alerta que, se a infância foi inventada, poderia deixar de existir, desaparecer. O autor salienta, em seus estudos, algumas questões sociais que contribuíram para a mudança atual da infância vivida, da criança existente: a televisão – com seu caráter de erotizar as crianças –, as relações entre sociedade e criança e entre pais e filhos, o processo de escolarização, mas, principalmente, a homogeneização que a sociedade tanto busca, ou seja, ser igual se faz imprescindível. Lembremos: imagem é tudo.

O imaginário adulto opera hoje com significações diante do ser criança: uma criança esperta, um "miniadulto" que não necessita de vestuário próprio, brincadeiras tradicionais e músicas infantis.

O espaço considerado infantil transformou-se em espaço adulto, acarretando um discurso e um engendramento sobre o ser criança e o seu brincar. Seria um retorno à pré-modernidade?

---

c. Para vários pesquisadores da área, *inocência* é um conceito instituído a partir da construção do conceito de *infância*. Nasce para opor-se, principalmente, à concepção de Santo Agostinho de que a criança deveria ser castigada, açoitada, para expulsar os demônios que a habitavam, na condição de "diabinhos em miniatura".

Sobre essa transformação do brincar, consideremos uma reflexão importante:

> Se não podemos deixar de concordar que a criança é um dado etário, natural, não podemos esquecer também que este dado está imerso na história e, consequentemente, é em relação à história que este etário se define. Se é verdade, ao menos em princípio, que todas as crianças crescem, é verdade também que a direção deste crescimento estará em relação constante com o ambiente sociocultural. (Perrotti, 1986, p. 14, citado por Faria; Demartini; Prado, 2002, p. 45)

Na sequência, vejamos como se caracteriza a cultura juvenil.

(7.2) Cultura juvenil

Para compreender como se configuram as culturas juvenis (*youth cultures*), é interessante ter em conta que Feixa (1999, p. 269, tradução nossa) as conceituou como

> um conjunto de formas de vida e valores característicos e distintos de determinados grupos de jovens, a maneira como tais experiências são expressas coletivamente mediante a construção de seus estilos de vida distintos, localizados, fundamentalmente em seu tempo livre ou em espaços de interstício da vida profissional.

Fazem parte da cultura juvenil na atualidade: canais de videoclipes, como MTV, presentes nas TVs a cabo; programas voltados para o público juvenil, como *Malhação*; redes sociais virtuais, jogos eletrônicos, *shopping centers* (que substituíram as praças como locais de interações sociais), *fast-foods*, gêneros musicais como *rap* e *funk*, roupas, acessórios e calçados associados a marcas famosas, tribos urbanas, como as de skatistas, surfistas, "patricinhas e mauricinhos".

Pensando nesses elementos, vale refletir sobre quem são os jovens que habitam as salas de aula atualmente e se eles estão verdadeiramente "conectados" com os professores. Ou seja, a questão primordial é se hoje se conhece a linguagem desses sujeitos e se sabe o que eles apreciam e valorizam.

O panorama atual nos anos iniciais do ensino fundamental em todo o Brasil, com relação aos alunos e aos professores, é quase o mesmo: os professores perguntam quem são seus alunos, e os alunos perguntam quem são seus professores.

Hoje, o que molda os jovens, ou seja, o que constrói identidades tão distintas entre si, são os artefatos culturais que os constituem, em geral desconhecidos dos educadores: imagens, sons, alimentos etc. Trata-se de uma cultura da imagem, da mercadoria, do ter; de uma nova identidade, não mais social, mas grupal, em que "eu pertenço ao grupo dos...".

São esses jovens e crianças que chegam às salas de aula e negam ou desconhecem o lúdico (brincar, jogar); negam as músicas consideradas infantis, as rodas cantadas (cantigas de roda); negam o teatro, os jogos cantados; negam as características associadas à infância – seu "eu criança". Na atualidade, poucos alunos com 6 ou 7 anos permitem que a professora proponha uma brincadeira de pular corda ou pular sapata/amarelinha – isso na hipótese de eles saberem o que são essas brincadeiras.

Não é diferente com relação ao repertório musical. Muitas vezes, em creches e escolas de educação infantil, os alunos não são apresentados a músicas como *Atirei o pau no gato*, *O sapo não lava o pé*, *Dona Aranha*, *Caranguejo não é peixe*. Já os alunos dos dois primeiros anos do ensino fundamental renegam esses sons, ritmos e melodias, em geral.

Para entender por que isso ocorre, é preciso retomar a análise dos elementos da cultura juvenil atual. Hoje, podemos afirmar que não se é possível mais relacionar *funk* e *rap* exclusivamente às classes sociais menos favorecidas, pois esses estilos musicais estão em todas as rádios do Brasil, são ouvidos nos carros, nas casas e nos dispositivos móveis de grande parte dos jovens.

Os brinquedos, os jogos, as músicas mudaram, os programas televisivos e as roupas mudaram, assim como as crianças e os jovens.

Assim, cabe aos professores e futuros professores também mudar, para poder problematizar essa realidade e questionar sobre esse novo universo infantojuvenil. Se a cultura é constituída de sujeitos e ela própria é produto de significados produzidos pelos sujeitos e grupos sociais nela inseridos, os adultos precisam encontrar uma forma, no contexto escolar, de se inserirem na cultura juvenil da atualidade.

(7.3) Os significados de ser adulto

Ser adulto implica compromissos, dúvidas, conflitos, profissionalização, intimidade, introspecção, afetos, desafetos, realizações, não realizações, busca de um sentido para suas ações etc. Essas são paisagens no cotidiano de adultos jovens e de meia-idade. Conforme Aspesi (citada por Dessen; Costa Junior, 2005, p. 25),

> Hinde (1997) afirma que todas as pessoas estão continuamente buscando um sentido para suas ações e para ações dos outros. Segundo ele, "as pessoas precisam sentir que possuem algum grau de controle sobre os acontecimentos e, para isto, precisam ver o mundo como previsível" (...) (p. 6). As suas interações e os seus relacionamentos estão, portanto, pautados nos significados pessoais que os indivíduos atribuem a si mesmos e na compreensão mútua entre eles e aqueles que com eles convivem. E toda a construção da identidade pessoal é formada pela experiência, especialmente pela experiência social.

Vários pesquisadores afirmam que os indivíduos entre 20 e 40 anos são considerados adultos jovens e aqueles entre 40 e 60 anos, adultos de meia-idade. Papalia e Olds (2000) observam que, nessa fase da vida, a maioria das pessoas está no auge da energia, da resistência física e da força, principalmente dos 20 aos 40 anos. Mas será uma regra?

É importante considerar que nessa fase há necessidade de deixar o lar, desapegando-se dos pais. Outras questões estão relacionadas a processos de escolhas: parceiro(a), amizades, profissão, entre outras. A maternidade e a paternidade são papéis a serem pensados, repensados e planejados.

Giddens (2005) declara que, para o bem e para o mal, somos impelidos rumo a uma nova ordem global que ninguém compreende plenamente, mas cujos efeitos se fazem sentir sobre todos nós: a globalização. Podemos destacar, então, que diante das práticas sociais e culturais, o indivíduo vai reconstruindo sua identidade com base nas mediações discursivas.

Assim, é preciso ter em mente que as profundas alterações econômicas, tecnológicas e sociais também nos modificam, por exemplo, com a reestruturação da concepção do feminino e do masculino.

Abraham Maslow, psicólogo humanista, propôs em seus estudos uma hierarquia de necessidades. Segundo o autor, os indivíduos apresentam necessidades prioritárias relacionadas a seus interesses. Ele acreditava que as pessoas autorrealizadas aceitam a si mesmas e aos outros, respondendo melhor às situações.

Para o pesquisador, a hierarquia de necessidades se constitui de cinco bases. À medida que a pessoa tem um nível de necessidade satisfeito, busca o seguinte:

- PRIMEIRO NÍVEL: necessidades fisiológicas – sentir fome, sede etc.
- SEGUNDO NÍVEL: necessidades de segurança – sentir-se seguro, fora de perigo, protegido.
- TERCEIRO NÍVEL: necessidade de pertencer e de amor – ser aceito, afiliar-se a outros, pertencer.
- QUARTO NÍVEL: necessidade de estima – ser competente, realizar, receber aprovação e reconhecimento.
- QUINTO NÍVEL: necessidade de autorrealização – realizar seu potencial.

Papalia e Olds (2000, p. 408), com relação às ideias de Maslow, destacam que as teorias humanistas "dão atenção especial aos fatores internos da personalidade: sentimentos, valores e esperanças". Porém, como se estruturam com base em uma premissa subjetiva, não chegam a se referir claramente ao desenvolvimento humano.

Vivenciamos atualmente uma transformação nas relações entre homens e mulheres, pois, a partir da modernidade e, principalmente, dos anos 1970 em diante, a mulher vem ocupando espaços profissionais que antigamente eram privilégios masculinos, como a presidência de grandes empresas e oficinas mecânicas. Para Giddens (2005), essas modificações se configuram com base em questões socioeconômicas que reestruturam também a construção das identidades, em constante transformação.

(7.4) Terceira idade ou velhice

Todos sabem que vão envelhecer, mas esta é uma premissa difícil de aceitar para muitos, por isso, às vezes, uma vida toda acontece sem essa ciência – a de que haverá um fim. De acordo com Loureiro (1998, p. 77),

> O ser humano reconhece-se finito, mas, no fundo, está convencido ou iludido da sua própria imortalidade. Apesar de sabermos que a morte existe, embora traumatizados pela morte, vivemos igual cegos à morte, como se os parentes, os nossos amigos e nós próprios não tivéssemos nunca de morrer.

Infelizmente hoje, em nossa sociedade, associa-se velhice exclusivamente à fase final da vida, à proximidade da morte. Forma-se uma imagem de declínio físico, cognitivo, doenças, solidão e abandono. Mas talvez não se associe a velhice apenas a essas questões atualmente. Basta pensar no percentual de sujeitos pertencentes à terceira idade hoje no mundo.

A Organização Mundial da Saúde (OMS) alerta que, em 2025, 12% da população mundial terá mais de 60 anos. No Brasil, em 2020, 15% da população será composta por idosos, ou seja, o país está envelhecendo e as políticas públicas continuam reduzidas nessa área.

Segundo Eizirik (2001), a velhice é uma etapa do ciclo vital com características próprias e necessidades específicas. Ele ainda salienta algumas das perdas mais frequentes nessa faixa etária: prejuízos na saúde física, diminuição das capacidades, sentimento de solidão e perda do cônjuge. A diminuição da rede social na velhice é um fator cada vez mais crescente.

O tempo não é o mesmo para todos os povos, raças, culturas e homens. Ao observar tais nuanças na visão do fenômeno tempo, percebi a grande interferência que elas exercem na aceitação ou rejeição da velhice e, consequentemente, da morte. Da ideia que se tenha da morte e do morrer é que resulta a postura sobre a velhice e sobre a vida em geral. (Loureiro, 1998, p. 13)

Dessa forma, é possível concluir que o conceito de *velhice*, de *velho* tem relação direta com a cultura na qual se está inserido, com as práticas sociais estabelecidas e, principalmente, com as redes sociais, que podem incluir ou excluir.

A teoria das redes sociais descreve transações entre as pessoas. Cada indivíduo é um nó da rede, cada troca é uma ligação. Para Eizirik (2001, p. 173), "uma rede social é geralmente definida pelos sociólogos como o conjunto de ligações dentro de um grupo específico de pessoas, ligações essas cujas características têm algum poder explanatório para o comportamento social das pessoas envolvidas".

Institucionalização, família, longevidade, mortalidade, saúde mental, saúde física e participação em atividades sociais são questões relacionadas à qualidade de vida dos idosos.

Várias pesquisas nacionais e internacionais revelam a importância das redes de familiares e de amigos para o estado de saúde e bem-estar emocional dos idosos, que têm principalmente na família, por meio do suporte afetivo e da intimidade, seu principal apoio.

Os idosos que realizam atividades físicas e lúdicas ficam mais dispostos física e emocionalmente, ao contrário daqueles que são institucionalizados – em casas de repouso – e que não mantêm contato com a família.

Para finalizar, cabe destacar a importância não só da construção de novos mecanismos sociais que possibilitem a inserção do idoso no cotidiano, como também de uma retomada conceitual acerca dessa fase de desenvolvimento que visualize reais perspectivas, potencialidades e capacidades dos idosos na atualidade.

Atividade

1. Com base em imagens de crianças, jovens, adultos e idosos retiradas de revistas e jornais, analise elementos que os caracterizam, como vestuário, postura corporal, acessórios e objetos.

(**8**)

Estudos culturais:
problematizando conceitos

Neste capítulo, abordaremos a importância dos estudos culturais para repensar as práticas educativas, a concepção de aprendizagem, a construção da identidade, entre outros aspectos. Analisaremos a importância desse campo para o exame das relações entre identidade cultural e social dos diferentes grupos que compõem a sociedade e suas interfaces com as práticas de poder.

(8.1) Estudos culturais: novo campo conceitual

É importante definir os estudos culturais para esclarecer sua aplicação na educação e para estabelecer uma reflexão sobre desenvolvimento e aprendizagem. Segundo Hall et al. (1980, p. 7, citado por Costa, 2004), "Os estudos culturais não configuram uma disciplina, mas uma área onde diferentes disciplinas interagem, visando o estudo de aspectos culturais da sociedade".

Costa (citada por Maia, 2005) explica que os estudos culturais concebem a cultura como um campo de luta em torno da significação social. Ou seja, a cultura, nessa perspectiva teórica, seria um campo de produção de significados no qual os diferentes grupos sociais, situados em posições diferentes de poder, lutam para legitimar seus discursos. Assim, para os estudos culturais, a definição de identidade cultural e social dos diferentes grupos que compõem a sociedade deve estar explicitada pela cultura para que a conexão entre cultura, significação, identidade e poder se mostre.

De acordo com Sardar e Van Loon (citados por Costa, 2004, p. 27), a dificuldade para definir os estudos culturais não significa que "qualquer coisa pode ser estudos culturais, ou que estudos culturais podem ser qualquer coisa". Ainda para esses autores (Sardar; Van Loon, 1998, citados por Costa, 2004, p. 9),

> Há [...] pelo menos cinco pontos distintivos dos estudos culturais. O primeiro é que seu objetivo é mostrar as relações entre poder e práticas culturais; expor como o poder atua para modelar estas práticas. O segundo é que desenvolve os estudos da cultura de forma a tentar captar e compreender toda a sua complexidade no interior dos contextos sociais e políticos. O terceiro é que neles a cultura sempre tem uma dupla função: ela é, ao mesmo tempo, o objeto de estudo e o local da ação e da crítica política. O quarto é que os estudos culturais tentam expor e reconciliar a divisão do conhecimento entre quem conhece e o que é conhecido.

E o quinto, finalmente, refere-se ao compromisso dos estudos culturais com uma avaliação moral da sociedade moderna e com uma linha radical de ação política.

Com base nessas ideias, é possível entender que questões como infância, cidadania, raça, gênero e etnia, que circulam na cultura, são abordadas e discutidas pelos estudos culturais.

> *Stuart Hall (1997a e 1997c) diz que na ótica dos EC [estudos culturais] as sociedades capitalistas são lugares da desigualdade no que se refere a etnia, sexo, gerações e classes, sendo a cultura o locus central em que são estabelecidas e contestadas tais distinções. É na esfera cultural que se dá a luta pela significação, na qual os grupos subordinados procuram fazer frente à imposição de significados que sustentam os interesses dos grupos mais poderosos.* (Costa; Silveira; Sommer, 2003, p. 38)

Hall (1997, p. 20, citado por Costa; Silveira; Sommer, 2003, p. 38-39) acrescenta que

> *a cultura é agora um dos elementos mais dinâmicos – e mais imprevisíveis – da mudança histórica do novo milênio. Não devemos nos surpreender, então, que as lutas pelo poder deixem de ter uma forma simplesmente física e compulsiva para serem cada vez mais simbólicas e discursivas, e que o poder em si assuma, progressivamente, a forma de uma política cultural.*

Assim, para os estudos culturais, a cultura precisa ser entendida, pesquisada e compreendida, bem como tudo o que está associado a ela e a seu papel constitutivo. Hall (1996, p. 263, citado por Costa; Silveira; Sommer, 2003, p. 40) destaca ainda que os estudos culturais se constituíram como um projeto político de oposição, e suas movimentações "sempre foram acompanhadas de transtorno, discussão, ansiedades instáveis e um silêncio inquietante".

Foucault, um dos principais expoentes dos estudos culturais, auxilia na compreensão da construção do sujeito propiciada pela cultura e suas relações de poder, como demonstraremos a seguir.

(8.2) A construção do sujeito

Maia (2002, 2005), sustentando-se em Machado (1986) na introdução da obra *Microfísica do poder*, de Michael Foucault, destaca que "não existe sociedade sem poder":

> Poder é o nome que damos a uma situação estratégica complexa numa sociedade dada. É uma rede de dispositivos ou mecanismos, a que nada ou ninguém escapa, a que não existe exterior possível, limites ou fronteiras, e que, paradoxalmente, ninguém detém, apenas se exerce. Trata-se aqui, então, não do poder em si, mas de relações de poder, e não apenas de seu caráter negativo – como censor ou repressor – mas também positivo, como algo que produz a realidade, que produz domínios de objetos e rituais de verdade.

Nessa perspectiva, Foucault situava o sujeito imerso em complexas relações de poder. Tarta-se de um sujeito construído social e historicamente, formado pelas práticas que o constituem; histórico, subjetivado, o poder penetrando no corpo, encontrando-se exposto no próprio corpo, produzindo saberes: "O poder, longe de impedir o saber, o produz. Se foi possível constituir um saber sobre o corpo, foi através de um conjunto de disciplinas militares e escolares. É a partir de um poder sobre o corpo que foi possível um saber fisiológico, orgânico" (Foucault, 1986, p. 148).

Maia (2000) observa que esse poder de que fala Foucault não seria algo estático, mas redes que se criam e se exercem sobre os sujeitos; um poder que não se configura como "poder do Estado". "Deve-se considerá-lo como uma rede produtiva que atravessa todo o corpo social muito mais do que uma instância negativa que tem por função reprimir".

"Não há poder que se exerça sem uma série de fins e objetivos" (Dreyfus; Rabinow, 1995, p. 205). Foucault aponta para a existência de poderes locais, microscópicos, disseminados pelo corpo social, presentes em todas as instituições sociais – prisões, hospitais, fábricas, exércitos, escolas.

São relações baseadas em olhares que vigiam, sancionam. Para Foucault (1987, p. 178), "o panóptico é uma máquina maravilhosa que, a partir dos desejos mais diversos, fabrica efeitos homogêneos de poder". Maia (2000) explica que o panóptico é o olhar que vigia; é o olhar que seleciona, percorre todos os espaços sociais, busca a disciplina, normatiza, é o olhar sobre o sujeito. Trata-se do olhar que busca modificar comportamentos, alterá-los, engendrá-los. De acordo com Foucault (1996, p. 103),

> *o panoptismo é um dos traços característicos de nossa sociedade. É uma forma que se exerce sobre os indivíduos em forma de vigilância individual e contínua, em forma de controle de punição e recompensa e em forma de correção, isto é, de formação e transformação dos indivíduos em função de certas normas. Este tríplice aspecto do panoptismo-vigilância, controle e correção parece ser uma dimensão fundamental e característica das relações de poder que existem em nossa sociedade.*

São os olhares que constroem discursos – verdades[a] construídas historicamente, que definem princípios, condutas de pensar, agir. Os sujeitos são cerceados por um regime de verdade:

> *Cada sociedade tem seu regime de verdade, sua política geral de verdade: isto é, os tipos de discursos que ela acolhe e faz funcionar como verdadeiros; os mecanismos e instâncias que permitem distinguir os enunciados verdadeiros dos falsos, a maneira como se sanciona uns e outros; as técnicas e os procedimentos que são valorizados para a obtenção da verdade; o estatuto daquele que tem o encargo de dizer o que funciona como verdadeiro.* (Foucault, 1996, p. 12)

São os regimes de verdade a regulamentar, sustentar e produzir os espaços de exclusão e inclusão social. Inclusão e exclusão estão presentes nas escolas, nos espaços educativos. De acordo com Frago e Escolano (2003, p. 54), aliás, a edificação educa:

---

a. A verdade deve ser entendida como um sistema de procedimentos ordenados para a produção, regulação, distribuição, circulação e operação dos discursos. A verdade está ligada, em uma relação circular, com o sistema de poder que a produz e sustenta e com efeitos de poder que a induzem e que a expandem (Dreyfus; Rabinow, 1995).

O espaço escolar educa. Não é um elemento neutro. Educa num e outro sentido, segundo sua disposição, como tal espaço e segundo a disposição, nele mesmo, das pessoas e objetos. [...] Quando se modifica o espaço de um edifício ou um recinto escolar ou uma aula, o que muda não é o seu aspecto, e sim sua substância e função, seu modo de operar, suas possibilidades e seus limites.

Maia (2002) destaca, assim, que as edificações escolares descrevem-se, salientam seus porquês, cumprindo com suas funções culturais e pedagógicas, instrumentalizando currículos ocultos, disciplinando corpos, instituindo-se como panóptico. A constituição arquitetônica distribui os indivíduos em espaços, quadriculando-os, vigiando-os. Costa, Silveira e Sommer (2003, p. 57) acrescentam que "a educação se dá em diferentes espaços do mundo contemporâneo, sendo a escola apenas um deles".

Um noticiário de televisão, imagens, gráficos etc. presentes em um livro didático ou músicas de um grupo de *rock*, por exemplo, não são apenas manifestações culturais, mas "artefatos produtivos, são práticas de representação, inventam sentidos que circulam e operam nas arenas culturais onde o significado é negociado e as hierarquias são estabelecidas" (Costa, Silveira; Sommer 2003, p. 38).

Dessa forma, as pessoas são educadas por imagens, filmes, animações, músicas, propagandas, jornais. O currículo cultural e a pedagogia da mídia são constituídos através de discursos e verdades que circulam diariamente sobre gênero, sexualidade, cidadania, entre outros temas.

Por *currículo cultural* entendem-se as representações de mundo, de sociedade, de sujeito que a mídia e outras instâncias culturais e sociais produzem, colocando em circulação discursos, regimes de verdade e olhares que estão sendo ensinados por tais instâncias.

Costa, Silveira e Sommer (2003, p. 57, grifo do original) salientam que:

> PEDAGOGIA DA MÍDIA *refere-se à prática cultural que vem sendo problematizada para ressaltar essa dimensão formativa dos artefatos de comunicação e informação na vida contemporânea, com efeitos na política*

cultural que ultrapassam e/ou produzem as barreiras de classe, gênero sexual, modo de vida, etnia e tantas outras.

A Pequena Sereia, A Bela e a Fera, Pocahontas, A Bela Adormecida, Cinderela e outros filmes de animação direcionados às crianças são construtores de verdades sobre o feminino e o masculino, sobre a subjetividade feminina, ou seja, sugerem que a menina deve ser quietinha e bonita, que deve cuidar da aparência, apenas. Nesses produtos, inteligência, questionamentos femininos e perguntas estariam associados a outras mulheres – as não desejáveis, muitas vezes.

Notemos, entretanto, que uma série de animações mais recentes contrariam esse padrão, como é o caso de produções como *Valente* e *Frozen*, que trazem protagonistas caracterizadas como fortes, inteligentes e autônomas.

Nesse sentido, as práticas culturais, o conjunto de saberes, as verdades que circulam na sociedade constituem os indivíduos, construindo sua identidade. Mas o que é a identidade? Esse é o assunto de que trataremos no próximo tópico.

(8.3) Identidade: múltipla, fixa ou...

Para esclarecermos melhor o conceito de *identidade*, recorremos às ideias Hall (2002, p. 13) quando se refere à multiplicidade de identidades possíveis:

a identidade plenamente unificada, completa, segura e coerente é uma fantasia. Ao invés disso, à medida que os sistemas de significação e representação cultural se multiplicam, somos confrontados por uma multiplicidade desconcertante e cambiante de identidades possíveis, com cada uma das quais poderíamos nos identificar – ao menos simplificações.

Para o autor, a identidade é definida historicamente, e não biologicamente. O sujeito, assim, assumiria identidades distintas em diferentes momentos, identidades não unificadas ao redor de um "eu" coerente: "Dentro de nós há identidades contraditórias, empurrando em diferentes direções, de tal modo que nossas identificações estão sendo continuadamente deslocadas" (Hall, 2002, p. 13).

Já as identidades sociais são construídas no interior da representação, por meio da cultura, não fora delas. Ainda para Hall (2002, p. 37),

> Elas são o resultado de um processo de identificação que permite que nos posicionemos no interior das definições que os discursos culturais (exteriores) fornecem ou que nos subjetivemos (dentro deles). Nossas chamadas subjetividades são, então, produzidas parcialmente de modo discursivo e dialógico. Portanto, é fácil perceber por que nossa compreensão de todo este processo teve que ser completamente reconstruída pelo nosso interesse na cultura; e por que é cada vez mais difícil manter a tradicional distinção entre "interior" e "exterior", entre o social e o psíquico, quando a cultura intervém.

Trata-se de uma identidade cultural relacionada à construção de gênero, de uma cultura refletida pela tela da televisão, dos computadores... Uma cultura de imagens de crianças; jovens; mulheres e homens; adultos e velhos!

Louro (1997) salienta que as relações de gênero e as formas de sexualidade representadas pela mídia são campos de construção de identidades, de produção e reprodução de representações e, portanto, são um espaço educativo em que imagens de crianças, adolescentes, mulheres e homens podem ser consumidas, tendo como referenciais modelos sociais, econômicos e culturais hegemônicos. Para Toscani (citado por Calligaris, 1996, p. 89),

> A publicidade é hoje mais formadora de nossa subjetividade do que o ensino escolar. Ela é a maior expressão de nossa época, quantitativamente pelos investimentos que mobiliza, e qualitativamente por seu protótipo cultural, pois o consenso da razão contemporânea parece ser feito de imagens de sonho que nos convidam: "sejam como nós, imagens publicitárias".

Abordar em sala de aula a construção de gênero, hoje, significa discutir como a pedagogia da mídia constitui os indivíduos: mulheres submissas, magras, belas e não necessariamente inteligentes; homens exploradores, cultos, realizados em suas profissões e que não necessariamente devem ser belos, mas bem-sucedidos economicamente. São identidades constituídas nas imagens televisivas por meio de novelas, seriados, filmes, documentários, entre outros produtos; identidades sociais e culturais construídas no processo educacional, resultantes das relações de poder, regimes de verdades existentes na estrutura curricular.

(8.4) E a sala de aula: corpos dóceis?

Maia (2000) salienta que o corpo, para Foucault, cede espaço para o "corpo como objeto e alvo de poder" na época clássica. É preciso manipulá-lo, modelá-lo, treiná-lo, torná-lo hábil, organizá-lo – fabricar corpos submissos, disciplinados, tornando-os "corpos dóceis". É o corpo aparecendo como objeto de investimento; é necessário trabalhá-lo detalhadamente, com controle e disciplina.

Parafraseando Foucault (1992), o corpo humano é muito menos biológico ou natural. É um suporte de signos que expressam determinadas realidades – social, histórica, econômica e cultural. Ele é construído e fabricado por meio das múltiplas relações que o homem estabelece em sociedade. O corpo humano permanece imerso em uma maquinaria de poder que o esquadrinha, o desarticula, o recompõe. Ainda para Foucault (1992, p. 126),

> Esses métodos que permitem o controle minucioso das operações do corpo, que realizam a sujeição constante de suas forças e lhes impõem uma relação de docilidade/utilidade são o que podemos chamar as disciplinas [...]. A disciplina fabrica assim corpos submissos e exercitados, corpos dóceis. A disciplina aumenta as forças do corpo – em termos econômicos de utilidade – e diminui essas mesmas forças – em termos políticos de resistência.

O movimento dos sujeitos e das instituições na garantia de um "saber" mostra-se por meio da disciplina, de normas, de controle sobre esse sujeito que deve ser "maduro", "controlado", "não infantil".

São os adultos que definem as normas de como devem agir as crianças em sala de aula, nos espaços públicos. Por meio da disciplina, instaura-se o poder da norma. E as crianças, o corpo, o brincar, o movimento devem ser docilizados, como afirma Maia (2000).

Foucault (1987) destaca que a disciplina é aplicada mediante o uso de diversas técnicas, algumas presentes na escola. São elas:

- Quadriculamento – "Cada indivíduo no seu lugar, e em cada lugar um indivíduo". Serve para organizar o espaço analítico, uma contribuição arquitetônica.
- Fila – É o elo que individualiza os corpos por uma localização que os distribui e os faz circular numa rede de relações.

Para controlar a atividade, empregam-se alguns elementos:

- Horário – O tempo é visto como sistematizador.
- Corpo e gesto postos em correlação – O professor ensina como se portar em sala de aula.
- Articulação corpo-objeto – É a codificação instrumental do corpo, para não perder tempo. Como exemplo, podemos citar a mão no ombro do colega, na formação de filas.

O tempo disciplinar é imposto, pouco a pouco, à prática pedagógica. O tempo evolutivo também se fez presente: colocação das atividades sucessivas em série, funcionando como um investimento da duração do poder e possibilitando um controle detalhado e uma intervenção pontual. É preciso compor forças para obter um aparelho eficiente: "Os corpos – dóceis alunos...".

No entanto, o corpo humano, principal alvo do poder disciplinar, também pode tornar-se local de subversão das disciplinas que o modelam e o adestram. O corpo aparece como um lugar de resistência: "A partir do momento em que há uma relação de poder, há uma possibilidade de resistência. Jamais somos aprisionados pelo poder: podemos sempre modificar sua dominação em condições determinadas e segundo uma estratégia precisa" (Foucault, 1979, p. 241).

Corpo aprisionado. Corpo amordaçado. Corpo disforme. Corpo sem corpo. Corpo ausente. Que corpo é este que nos fala? Corpo disciplinado pelas práticas sociais. Corpo cortado: cabeça, tronco e membros. Corpo reduto de saberes. Corpo-cabeça, no qual se estimulam criatividade, inteligência. Mas e o movimento, o brincar, o lúdico? Que possamos enxergar novas paisagens a partir da perspectiva dos estudos culturais.

Atividade

1. Leia a seguir o início da letra da canção "O Dono da Terra", lançada pelo grupo Os Abelhudos.[b]

> O Dono da Terra
>
> *Eu queria saber o que é o que é*
> *Que eu vi na TV*
> *Dizia que o mundo não é um brinquedo*
> *E tem um segredo*
> *Que eu não sei dizer*
> *[...]*

Fonte: Correa; Cândia, 1985.

Com base na reflexão sobre a letra dessa canção e nos conteúdos apresentados neste capítulo sobre os estudos culturais, analise as verdades e os discursos disseminados na sociedade atual acerca da criança e do jovem, bem como a influência da pedagogia da mídia na vida cotidiana e na formação da identidade dos sujeitos.

---

b. Para ler a letra integral da canção, acesse: <https://www.vagalume.com.br/os-abelhudos/o-dono-da-terra.html>.

(**9**)

Mitos e desafios:
da exclusão à inclusão

Inclusão, exclusão, fracasso e sucesso escolar são questões que abordaremos neste capítulo. Enfocaremos as relações entre o não aprender ou o aprender de forma diferenciada e os discursos que circulam no espaço escolar acerca da aprendizagem.

(9.1) Algumas questões relevantes

Como é a situação educacional do Brasil hoje? Quais são as características dos alunos e dos professores? Como aprendem? O que aprendem? O que representam os processos de inclusão e exclusão social? Quem é incluído e excluído? Os agentes da educação estão preparados para lidar com as diferenças? Como se conceituam e se vivenciam as diferenças?

São muitas perguntas e, antes de respondê-las, ou melhor, problematizá-las, é preciso entender alguns conceitos.

Alguns dos sujeitos vistos como diferentes na escola e na sociedade são as pessoas com deficiência ou com necessidades educacionais especiais, além dos alunos com dificuldades na aprendizagem. Há também as questões relacionadas à etnia, à religião, ao gênero, à sexualidade, entre outras. No entanto, aqui vamos nos concentrar nos aspectos relacionados às pessoas com deficiência, às pessoas com necessidades educacionais especiais (NEE) e às que apresentam dificuldades na aprendizagem.

(9.2) Pessoas com deficiência: um pouco de história

Maia (2003) destaca que, durante a Antiguidade, as crianças que apresentavam características distintas eram tratadas sob uma perspectiva discriminatória, em virtude da comparação entre os sujeitos e da relação de negação, de não aceitação da diferença. Você talvez esteja pensando que ainda hoje isso acontece, porém é importante analisar todo o movimento histórico.

Outro fator que contribuiu para o processo de marginalização dos diferentes foram as crenças religiosas e os movimentos místicos nas sociedades antigas, o que colaborou para as práticas de infanticídio e abandono desses sujeitos.

Sociedades como a espartana e a romana são exemplos de uma realidade em que se observavam essas práticas. Cabia aos anciões dessas sociedades examinar os recém-nascidos e avaliá-los visualmente, a fim de encontrar defeitos que pudessem servir como motivo para as práticas mencionadas. Nessas sociedades, os bebês eram abandonados em covas, em lugares distantes ou eram afogados na margem dos rios. Muitas vezes, ainda, eram atirados de desfiladeiros. Você deve estar pensando como eram cruéis esses povos, mas é importante considerar que, naquela época, havia o "culto ao corpo" – o modelo de homem era o soldado.

Fonseca (1989, p. 217) salienta que, "no passado, a sociedade desenvolveu quase sempre obstáculos à integração das pessoas deficientes. Receios, medos, superstições, frustrações, exclusões, separações etc. preenchem lamentavelmente vários exemplos históricos que vão desde Esparta à Idade Média".

De acordo com o mesmo autor, o ideal de homem transmitido por filósofos da época, como Platão, explicitava a perfeição humana, excluindo os sujeitos ditos *diferentes*. Fonseca (1989, p. 217) busca explicar as ideias de Platão – presentes na obra *A república* – citando seu pensamento a respeito do que considerava sujeitos inferiores:

> *As mulheres dos nossos militares são pertença da comunidade, assim como os seus filhos, e nenhum pai conhecerá o seu filho e nenhuma criança os seus pais. Funcionários preparados tomarão conta dos filhos dos bons pais, colocando-os em certas enfermarias de educação, mas os filhos dos inferiores, ou dos melhores quando surjam deficientes ou deformados, serão postos fora, num lugar misterioso e desconhecido, onde deverão permanecer.*

Na Idade Média, o processo de exclusão não foi muito diferente. A Igreja condenava o infanticídio, visto que no ano 374 essa prática era percebida como assassinato, cabendo aos sujeitos que a utilizavam a pena de morte autorizada pela Igreja. Porém, a mesma Igreja não coibia práticas de infanticídio e abandono de sujeitos que apresentassem enfermidades consideradas demoníacas, como deficiência mental e deficiências múltiplas. Nessa época, entendia-se que as pessoas com essas deficiências eram possuídas pelo demônio, sendo frequentemente apedrejadas ou mortas em fogueiras pela Inquisição.

Podemos afirmar que até o século XVIII as noções acerca da deficiência aparecem fortemente ligadas ao misticismo e ao movimento religioso. Primeiro a religião e depois o próprio cristianismo tiveram o papel de propagar a condição humana, o homem como "imagem e semelhança de Deus". Um ser perfeito seria filho de um Deus perfeito; um ser imperfeito seria filho de um Deus imperfeito.

Os imperfeitos eram colocados à margem da condição humana ou mesmo exterminados, na medida em que eram entendidos como "um sinal do Demônio", visto que não se assemelhavam à imagem divina. Entre os "imperfeitos" estavam deficientes visuais, deficientes auditivos, deficientes mentais, deficientes físicos e até mesmo os gêmeos. Estes eram, portanto, excluídos da sociedade, marginalizados.

No Brasil, a partir de 1994, por meio da Secretaria de Educação Especial (Seesp), do Ministério da Educação (MEC), começaram a ser instituídas as novas diretrizes para a educação especial, que, na época, seguiram os princípios propostos pela Declaração de Salamanca – documento resultante da conferência realizada na cidade de Salamanca, Espanha, em 1994, da qual participaram representantes de diversos países a fim de discutir políticas públicas para a inclusão educacional e social de crianças, mulheres, analfabetos e pessoas com deficiência.

Atualmente, vivenciamos um movimento em prol da elaboração e da implantação de diversas políticas públicas para a inclusão escolar e social, mas será que realmente os sujeitos que apresentam diferenças estão sendo incluídos, considerando-se que o lema da inclusão é o respeito à diversidade, a exaltação das diferenças? Na sequência, vamos colocar em foco quem são as pessoas com necessidades educacionais especiais.

(9.3) Os sujeitos com necessidades educacionais especiais

Para esclarecer como o MEC/Seesp conceitua alunos com necessidades educacionais especiais, é necessário apresentar as características identificadas nos documentos oficiais da área.

Em 2005, por meio do Censo Escolar, o MEC atualizou os conceitos relacionados à educação especial. Assim, passaram a ser considerados alunos com necessidades educacionais especiais aqueles que

> Apresentam, durante o processo educacional, dificuldades acentuadas de aprendizagem que podem ser: não vinculadas a uma causa orgânica específica ou relacionadas a condições, disfunções, limitações ou deficiências, abrangendo dificuldades de comunicação e sinalização diferenciadas dos demais alunos, bem como altas habilidades/superdotação. (Brasil, 2005)

A seguir, especificamos os tipos de necessidades educacionais especiais conforme o mesmo documento do MEC/Seesp:

a) ALTAS HABILIDADES/SUPERDOTAÇÃO: "Notável desempenho e elevada potencialidade em qualquer dos seguintes aspectos, isolados ou combinados:
- Capacidade intelectual geral
- Aptidão acadêmica específica
- Pensamento criativo ou produtivo
- Capacidade de liderança
- Talento especial para artes
- Capacidade psicomotora" (Brasil, 2005).

Podemos entender, assim, *altas habilidades* como habilidade acima da média, envolvimento com a tarefa, criatividade em qualquer área do fazer e do saber. Para alguns teóricos, a superdotação está associada a elevado coeficiente de inteligência – 130 pontos, conforme esclarece Mönks (citado por Maia, 2000); já outros consideram o caso de forma diversa, de acordo com Renzulli (citado por Maia, 2000).

b) Autismo: "Transtorno do desenvolvimento caracterizado, de maneira geral, por problemas nas áreas de comunicação e interação, bem como por padrões restritos, repetitivos e estereotipados de comportamento, interesses e atividades" (Brasil, 2005). É importante observar que, apesar das características associadas a problemas nas áreas de comunicação e interação, muitos sujeitos autistas se destacam nas áreas de matemática, química e física, bem como nas artes.

c) Condutas típicas: "Manifestações de comportamento típicas de portadores de síndromes (exceto Síndrome de Down) e quadros psicológicos, neurológicos ou psiquiátricos que ocasionam atrasos no desenvolvimento e prejuízos no relacionamento social, em grau que requeira atendimento educacional especializado" (Brasil, 2005).
Algumas das áreas associadas às condutas típicas são: déficit de atenção, hiperatividade, esquizofrenia, transtorno bipolar, depressão.

d) Deficiência auditiva:
- Surdez leve/moderada: "perda auditiva de 25 a 70 dB. A pessoa, por meio de uso de Aparelho de Amplificação Sonora Individual – AASI, torna-se capaz de processar informações linguísticas pela audição; consequentemente, é capaz de desenvolver a linguagem oral" (Brasil, 2005).
O sujeito que utiliza o aparelho de amplificação sonora individual é caracterizado como dotado de surdez leve. Não necessita, pela legislação, do aprendizado da língua de sinais (Libras).
- Surdez severa/profunda: "perda auditiva acima de 71 dB. A pessoa terá dificuldades para desenvolver a linguagem oral espontaneamente. Há necessidade do uso de AASI e/ou implante coclear, bem como de acompanhamento especializado. A pessoa com essa surdez, em geral, utiliza naturalmente a Língua de Sinais" (Brasil, 2005).

Os sujeitos que utilizam Libras preferem ser chamados de *surdos*, destacando-se o fato de que fazem parte de uma cultura, a cultura surda. Assim, não se deve utilizar a expressão *deficientes auditivos*.

e) Deficiência física: "Alteração completa ou parcial de um ou mais segmentos do corpo humano, acarretando o comprometimento da função física, abrangendo, dentre outras condições, amputação ou ausência de membro, paralisia cerebral, membros com deformidade congênita ou adquirida, exceto as deformidades estéticas e as que não produzam dificuldades para o desempenho das funções" (Brasil, 2005).

Para o MEC, a deficiência física não pode ser entendida como ausência de alguns membros, como dedos das mãos ou dos pés. Destaca-se, ainda, que algumas doenças degenerativas fazem partem dessa categoria, tais como esclerose e esclerose lateral amiotrófica.

f) Deficiência mental: "Caracteriza-se por limitações significativas tanto no funcionamento intelectual como na conduta adaptativa, na forma expressa em habilidades práticas, sociais e conceituais" (Brasil, 2005).

O sujeito com necessidades especiais na área mental pode apresentar dificuldades na aprendizagem ou aprender de uma forma diferenciada; porém, vários estudos atuais revelam que muitos se alfabetizam e chegam a finalizar o ensino fundamental e o ensino médio. As características são distintas de sujeito para sujeito, por isso é essencial que familiares e professores busquem observar as necessidades individuais e acreditar nas potencialidades de cada um sempre.

g) Deficiência múltipla: "É a associação de duas ou mais deficiências primárias (mental/visual/auditiva/física), com comprometimentos que acarretam atrasos no desenvolvimento global e na capacidade adaptativa" (Brasil, 2005).

A deficiência múltipla caracteriza-se quando o sujeito apresenta necessidades educacionais especiais em duas ou mais áreas, como nos casos de deficiência física e mental, deficiência auditiva e mental, deficiência física, mental e auditiva, entre outros.

h) Deficiência visual: "É a perda total ou parcial, congênita ou adquirida, variando de acordo com o nível ou acuidade visual" (Brasil, 2005).
- Cegueira: "é a perda total ou o resíduo mínimo de visão que leva a pessoa a necessitar do Sistema Braille como meio de leitura e escrita" (Brasil, 2005).

  Os sujeitos portadores dessa deficiência utilizam alguns materiais específicos: *soroban*, caderno para escrita braille, reglete, pulsões, pulsão apagador, entre outros que são empregados para a aprendizagem do sistema braille de leitura e escrita e da matemática. A informática, hoje, disponibiliza vários acessórios, tais como impressora braille e livro falado.

- Baixa visão ou visão subnormal: "é o comprometimento do funcionamento visual de ambos os olhos, mesmo após tratamento ou correção. A pessoa com baixa visão possui resíduos visuais em grau que lhe permite ler textos impressos ampliados ou com uso de recursos ópticos especiais" (Brasil, 2005). Existe a necessidade de utilização de recursos especiais para a realização da leitura, tais como o *SmartView* (um sistema de vídeo que permite ver textos, imagens e objetos ampliados) e espelhos de ampliação para a leitura.

- Surdocegueira: "é uma deficiência singular, que apresenta perdas auditivas e visuais concomitantemente em diferentes graus, necessitando desenvolver diferentes formas de comunicação para que a pessoa surdacega possa interagir com a sociedade" (Brasil, 2005).

  Diferentes possibilidades comunicativas são trabalhadas e ofertadas aos surdocegos, tais como: língua de sinais, alfabeto manual, tadoma e sistema braille.[a]

i) Síndrome de Down: "Alteração genética cromossômica do par 21, que traz como consequência características físicas marcantes e

---

a. Para obter mais informações sobre o tema, acesse o *site* do Instituto Benjamin Constant: <http://www.ibc.gov.br/>.

implicações tanto para o desenvolvimento fisiológico quanto para a aprendizagem" (Brasil, 2005).

Nos seres humanos, cada célula contém 46 cromossomos divididos em 23 pares semelhantes – herdados do pai e da mãe. O que acontece com o indivíduo com síndrome de Down é um erro na distribuição dos cromossomos e, em vez de 46, as células recebem 47 cromossomos. O elemento extra fica, assim, unido ao par 21. O nome dado a essa condição é *trissomia do 21*.

Em suma, o aluno da educação especial considerado com necessidades educacionais especiais pode ser compreendido como pessoa com deficiência(s) (mental, visual, auditiva, física e múltipla), com conduta(s) típica(s) (autismo, déficit de atenção e hiperatividade) ou com altas habilidades/superdotado.

(9.4) Fracasso e sucesso escolar: algumas questões

Quais são as representações de fracasso e sucesso escolar? A quem se atribuem esses rótulos e seus significados?

Evasão, repetência e rótulos de bom aluno e de mau aluno remetem ao conceito de *fracasso* ou *sucesso escolar*. Podemos citar aqui as diferentes concepções sobre o fracasso e o sucesso escolar: a concepção médica trabalha com a visão organicista; a concepção psicométrica, com os testes de inteligência; e, por fim, a concepção sociopolítica, com a relação entre fracasso e cotidiano escolar. Mas quais são os reais motivos do fracasso ou do sucesso escolar? Quais são as marcas instauradas no corpo dos sujeitos? O que significa ser fracassado em nossa sociedade?

Os elevados índices de reprovação na escola e as baixas notas nas avaliações nacionais e internacionais, tais como o Programa Internacional de Avaliação de Estudantes (Pisa), indicam que há algo de errado no ensino, nas propostas metodológicas e no entendimento dos conceitos de *desenvolvimento* e de *aprendizagem*.

Existem, ainda, as desigualdades sociais, como a exclusão digital, que é a consequência socioeconômica da distribuição cultural perversa do acesso a computadores e à internet. É preciso considerar também a ausência de livros e cadernos nas casas e nas escolas; a ausência de motivação familiar; a ausência na prática educativa das vozes excluídas por tanto tempo, as ditas *minorias* etc.

Já quanto ao termo *fracassado*, a qualificação se aplica ao chamado *mau aluno*, aquele que não progrediu praticamente nada durante anos e anos na escola; ele é sujeito sem lugar na escola e na sociedade. Essa é uma imagem negativa marcada a ferro e fogo no corpo e no "eu" desse indivíduo, o que o fez acreditar que o fracasso era dele, excluindo-se professores, família, sistema educacional e a própria instituição. Esse cenário pode levar o sujeito a abandonar a escola, podendo nunca mais retornar a esse espaço.

Para Marchesi e Gil (2004, p. 23), "o fracasso escolar está distribuído desigualmente". Os autores destacam que carências econômicas, sociais e culturais influenciam na construção do fracasso e do sucesso escolar, pois o percentual de alunos relacionados ao fracasso escolar encontra-se nos contextos socioculturais desfavorecidos economicamente, enquanto o sucesso escolar está associado aos contextos socioculturais mais favorecidos.

Parafraseando Rovira (2004), o fracasso escolar está associado, geralmente, ao baixo rendimento escolar – notas, conceitos, processos avaliativos –, bem como à adaptação social do aluno. Contudo, também se conduz o aluno ao fracasso quando se destrói sua autoestima, a imagem que ele tem de si e do outro. Nesse sentido, o fracasso escolar não é intrínseco ao sujeito, mas a uma produção social. Ele é um produto das ações e dos discursos diante do outro no contexto escolar – às vezes, um discurso sem autoria, pois quem deseja ser considerado o produtor do fracasso escolar?

Assim como o fracasso escolar, o sucesso escolar também é um fenômeno social que corresponde a variadas formas de representação. A diferença é que, enquanto milhares de alunos sofrem com o estigma, a representação do fracasso, poucos chegam ao sucesso escolar, compreendido como boa adaptação escolar, respeito a normas e regras da instituição educacional, rendimento escolar acima da média e autoestima do aluno, ou seja, aquilo que caracteriza o chamado *bom aluno*.

(9.5) Inclusão e exclusão

O conceito e a prática da inclusão são muito recentes. O movimento de inclusão social começou, para vários pesquisadores, apenas na segunda metade da década de 1980, atingindo seu apogeu na segunda metade da década de 1990.

Como mencionamos, a prática mais utilizada para com as pessoas com deficiência era a exclusão, a segregação, movimento que ainda existe, porém com uma nova roupagem. Hoje buscamos resguardar esses indivíduos de um mundo que não estaria ainda preparado para recebê-los e prepará-los.

Surgem, assim, os defensores ferozes da escola especial, das classes especiais. Eles questionam a educação inclusiva, a inclusão social. Para eles, as escolas regulares não estão preparadas para incluir esses sujeitos. Não negamos essa afirmação, mas, como qualquer processo, o movimento inclusivo deve ser colocado em prática, mesmo com as carências e as dificuldades existentes.

Outra afirmação dos defensores da escola especial diz respeito à formação dos professores. Salienta-se que os educadores das escolas regulares não estão preparados para a diversidade, ou seja, para as distintas áreas de necessidades especiais.

É importante observar aqui que muitos profissionais que atuam em escolas especiais, em Apaes (Associações de Pais e Amigos dos Excepcionais) e em classes especiais também não foram capacitados, utilizando os anos de trabalho com sujeitos com necessidades educacionais especiais como discurso de seu trabalho, afirmando que o que importa é a prática, e não a teoria, a formação, a relação entre a teoria e a prática.

Em nenhum momento, a educação inclusiva se opõe à escola especial – alguns sujeitos devem continuar sendo atendidos por essa escola, em razão de suas necessidades e do trabalho individualizado de que necessitam. O que busca redimensionar é a inclusão de todos os sujeitos que assim o desejarem na escola regular – com direito à valorização da diversidade humana. Trata-se de uma inclusão social.

Por *inclusão social* entendemos "o processo pelo qual a sociedade se adapta para poder incluir, em seus sistemas sociais comuns, pessoas com necessidades educativas especiais e, simultaneamente, estas se preparam para assumir seus papéis na sociedade" (Sassaki, 1997, p. 41).

Cabe ressaltar que *inclusão* e *integração* são conceitos distintos. A integração seria a inserção da pessoa com deficiência na sociedade, e a inclusão, a modificação da sociedade para atendê-la. Ou seja, inclusão é maior que integração. A sociedade atual trabalha com a proposta da integração, isto é, aquela em que o sujeito se adapta à sociedade. Já a inclusão supõe uma adaptação da sociedade ao sujeito.

Quando se pensa na prática, sabe-se que as propostas relativas à inclusão ainda não superaram um forte obstáculo encontrado através dos tempos, que é a rejeição velada às diferenças. Em uma tendência a ocasionar a segregação, são criados empecilhos, como a exposição das dificuldades diante da adaptação de escolas e da comunidade em relação à diversidade.

Falar em educação inclusiva, portanto, requer uma transformação social diante da inclusão e da segregação. Evitar a segregação supõe modificar as crenças preconceituosas que atravessam os séculos em relação a credo, raça ou necessidades educacionais especiais, possibilitando a redução da discriminação e dos privilégios ocasionados pela rejeição ou negação das diferenças.

Assim, sendo um direito assegurado por lei, a inclusão exige flexibilização, o que dá oportunidade não para a redução das diferenças, mas para a aceitação delas, assumindo-as como parte da constituição do indivíduo e do grupo.

O respeito às necessidades e o interesse em supri-las são parte do processo de mudanças, e é função de comunidades, escolas e famílias propiciar suporte para a criação de vínculos afetivos e para o crescimento com vistas à superação de obstáculos em direção à verdadeira sociedade inclusiva.

A inclusão tem, portanto, por objetivo a aceitação das diferenças; entretanto, existe um distanciamento da realidade na qual ela ocorre. A verdade é que, nos primeiros momentos em que se tentou incluir alguém, apenas foi simulada essa situação, em virtude da incompreensão da verdadeira proposta inclusiva. Ainda não se visualizaram as diversidades presentes, como se elas não existissem.

O propósito de incluir é lidar naturalmente com a heterogeneidade, porém, durante certo período e para algumas pessoas, ainda existe a ilusão de que incluir é tornar todas as pessoas iguais. A individualidade sugere características distintas e, por esse motivo, dificuldades para a realização de um trabalho que envolva o desenvolvimento da identidade de cada sujeito, o que requer o reconhecimento e a aceitação de suas habilidades e dificuldades.

A escola inclusiva tem como função promover as interações sociais e culturais, para que, por meio da diversidade, haja mais crescimento. O cuidado para que não ocorra o oposto – o agrupamento de alunos com as mesmas características – é essencial na visão de quem representa o mediador das situações propostas, pois, dessa forma, são evitadas restrições ao desenvolvimento do grupo. Assim, espera-se construir uma escola inclusiva, em uma sociedade inclusiva, em que se valorize a diferença.

Atividade

1. Entreviste alguns professores e pergunte o que eles pensam a respeito da inclusão de pessoas com necessidades educacionais especiais nas escolas regulares. Questione-os, ainda, sobre o que motiva o fracasso e o sucesso escolar, quem são os sujeitos associados a esses conceitos e como essas questões se relacionam com a evasão e a repetência.

(**10**)

Ludicidade e tecnologias da informação e da comunicação: algumas relações com a prática pedagógica

Neste capítulo, examinaremos temáticas associadas à ludicidade e às tecnologias da informação e da comunicação, com o objetivo de demonstrar as relações desses assuntos com a prática cotidiana dos professores na escola.

(10.1) Ludicidade

Homo ludens, ou homem lúdico, refere-se à busca do homem pela realização de práticas que lhe dão prazer, como jogos e atividades desportivas.

Desde os primórdios da educação greco-romana, utiliza-se o brinquedo para educar. Associando a ideia de estudo ao prazer, Platão sugeriu que o ato de estudar é uma forma de jogo.

Mas o que é ludicidade?

Jogos, brincadeiras, brinquedos, atividades desportivas e jogos teatrais compõem o universo da ludicidade – por incrível que pareça, distante das salas de aula atualmente.

Brougère (1995), Elkonin (1980), Kramer e Leite (1997) e Wajskop (1997), em estudos realizados, afirmam que a maioria das escolas, apropriando-se da atividade lúdica da criança, restringe-a a exercícios repetitivos de discriminação visomotora e auditiva, por meio do uso de brinquedos, desenhos coloridos e mimeografados e músicas ritmadas. O brincar, assim, transforma-se em atividades dirigidas para transmissão de conteúdos definidos, *a priori*, pela escola. As práticas lúdicas, na escola, estão transformando-se em conteúdos programáticos.

Maia, Zorzo e Pureza (2002) destacam, em trabalho investigativo realizado na educação infantil, a crença dos professores diante da característica biológica suscitada no brincar: no ideário dos educadores de pré-escola, o brincar associa-se à infância – coisa de criança –, não devendo ser mediado/explorado, afinal, é natural.

Apesar de acreditarem na importância do brincar para o desenvolvimento das crianças, os professores investigados não intervinham pedagogicamente, deixando, muitas vezes, os educandos no pátio para sucessivas "horas na pracinha". Mesmo em sala de aula, o brincar era considerado natural, sem a possibilidade do exercício de mediação pedagógica do educador; quando existia nesse espaço, transformava-se em jogos educativos apenas em alguns casos.

Dessa forma, jogos educativos faziam parte dos materiais das salas de aula visitadas, apesar de muitos não integrarem o cotidiano pedagógico, tais como: blocos lógicos, *tangram*, blocos de madeira para montar; jogos que favoreçam a abstração: xadrez, lego, resta 1; jogos que favoreçam a linguagem: Top Letras, Palavra Mix, ABC; alguns brinquedos: bonecas, bonecos, carrinhos, panelinhas, carimbos etc.; jogos incompletos e quebrados também foram encontrados e jogos, muitas vezes, trazidos pelas crianças e desconhecidos dos professores, como jogos eletrônicos, RPG etc. As brincadeiras eram divididas entre as que se aplicavam aos meninos e as que se destinavam às meninas.

Maia, Zorzo e Pureza (2002) ressaltam que elucidar as possibilidades da ludicidade na prática pedagógica é indispensável. O brincar/jogar, quando descoberto ou redescoberto na prática pedagógica, torna-se um espaço privilegiado de intervenção e confronto de diferentes ideias, realidades e culturas. Nesse sentido, o espaço da brincadeira na instituição escolar seria a garantia de uma educação criadora e consciente. Brougère (1989, p. 36, citado por Wajskop, 1997, p. 31) explica que a brincadeira

> *É o lugar da socialização, da administração da relação com o outro, da apropriação da cultura, do exercício da decisão e da invenção. Mas tudo isso se faz com o ritmo da criança e possui um aspecto aleatório e incerto. Não se pode organizar, a partir da brincadeira, um programa pedagógico preciso. Aquele que brinca pode evitar aquilo que não gosta. Se a liberdade caracteriza as aprendizagens efetuadas na brincadeira, ela produz também a incerteza [sic] quanto aos resultados. De onde a impossibilidade de assentar de forma precisa as aprendizagens na brincadeira. Este é o paradoxo da brincadeira, espaço de aprendizagem fabuloso e incerto.*

Como destaca Benjamin (1987), "uma emancipação do brinquedo começa a se impor; quanto mais a industrialização avança, mais decididamente o brinquedo subtrai-se ao controle da família, tornando-se cada vez mais estranho não só às crianças, mas também aos pais". E poderíamos incluir aqui professores e profissionais que atuam na área da educação.

O brincar ganha referências do brincar do adulto que cerca as crianças, compondo o cenário lúdico escolar dessa forma. Assim, o brincar exprime desejos das crianças e dos adultos: "Uma brincadeira ligada aos objetos lúdicos que a criança dispõe" (Brougère, 1995).

Trata-se de objetos provenientes de uma cultura lúdica não composta somente por brincadeiras, mas também por histórias, relatos, imaginação. É a cultura lúdica cerceada pela mídia – uma realidade em que o rádio e a televisão influenciam o brincar.

Mas quais animações, músicas e jogos fazem parte do universo das crianças e dos adolescentes atualmente? Os adultos conhecem o que eles veem e escutam?

Aqui nos deparamos com um grande problema: as crianças e os jovens de hoje são estranhos aos demais, são "adultos" em seu modo de agir, vestir, brincar, pensar e dialogar. Porém, a mídia e a prática pedagógica os aprisionam em um olhar androcêntrico, que consiste em considerar o sexo masculino o centro do universo, a medida de todas as coisas, o único observador válido de tudo o que ocorre no mundo, o único capaz de ditar leis, de impor a justiça, de governar o planeta.

Na sociedade e na instituição escolar, as imagens de mulher e de homem que chegam aos alunos por meio de conteúdos de ensino, por exemplo, contribuem intensamente para formar seu "eu" social, seus padrões diferenciais de comportamento. Trata-se de um modelo com o qual devem identificar-se para serem mais homens ou mais mulheres, em conformidade com a diferente valorização que a sociedade atribui aos indivíduos de cada sexo.

Meninas brincando de cozinhar, desempenhando o papel de mãe, professora, dançarina e modelo, bem como fazendo dieta – de mentirinha – foram vislumbradas no estudo. Super-herói, modelo, cantor, jogador de futebol, astronauta, piloto de Fórmula 1, juiz e político eram alguns dos papéis desempenhados pelos meninos nas brincadeiras. Essas atitudes desvendam os modelos vigentes na sociedade atual.

Nesse cenário, infelizmente, as músicas também colaboram: *rap*, *funk*, pagode... Quais são os papéis atribuídos predominantemente nas letras das canções desses gêneros musicais a meninas e meninos, mulheres e homens?

De acordo com Moreno (1999), o papel sexual não se limita à natureza biológica do sexo, mas, acima de tudo, à expectativa que a sociedade tem em relação ao comportamento e às atitudes das pessoas de determinado sexo. O papel sexual se encontra em constante transformação; assim, se um sujeito desempenha o papel sexual tradicional que lhe é reservado de acordo com o período histórico e social que vivencia, corresponde às expectativas. A prática de definir determinadas cores de roupas e brinquedos às crianças é a primeira manifestação cultural na determinação dos papéis sexuais tradicionalmente esperados – menino joga bola, usa azul; menina brinca de boneca, usa cor-de-rosa. As crianças assumem progressivamente os valores e os comportamentos esperados para o seu sexo, com o qual passam a se identificar. E tudo isso por meio do ato de brincar.

(10.2) Tecnologias da informação e da comunicação

De acordo com Lévy (citado por Lemos, 2002, p. 14), "a internet é um espaço de comunicação surrealista, do qual nada é excluído [...]. Já que tudo é possível, ela manifesta a conexão do homem com a sua própria essência, que é a aspiração à liberdade".

Blogs? Redes sociais virtuais? Internet? Cibercultura?

Ao se pensar em planejamento, em aprendizagem, não se pode esquecer aquilo que os alunos estão vendo, o que estão escutando e, principalmente, em que páginas estão navegando na internet. Por quê? A internet, nos dias atuais, é o meio de conexão do homem com outros homens.

Basta olharmos para o universo tecnológico presente nos bolsos e nas bolsas de crianças e jovens: *smartphones, notebooks, tablets*, jogos eletrônicos de bolso etc. Trocam-se mensagens pelo celular e *e-mails*, posta-se no Twitter... E os profissionais que atuam na escola, eles participam dessa evolução tecnológica?

As máquinas de informação contribuem para o desenvolvimento da cibercultura – uma cultura das tecnologias de informação. Trata-se de uma cultura tribal, não mais individual, uma conectividade generalizada, sem esbarrar no tempo e no espaço. Simulam-se interações, troca-se o real pelo hiper-real, compartilham-se informações sem uma verdadeira comunicação; tudo é virtual. Críticas também existem no espaço da cibercultura e da pós-modernidade, visto que tudo é privado aos olhos e aos ouvidos. Não existe privacidade: câmeras *on-line* em ruas, cidades e escolas, vigiando e controlando professores e alunos.

Mas o que é cibercultura? Conforme Lemos (2002), a cibercultura é a manipulação digital da sociedade de consumo, ou seja, é uma sociedade ávida por computadores, internet, redes sociais virtuais etc., por toda a cibercultura, desde os jogos eletrônicos ao cibersexo, contribuindo para a simulação de sociedade industrial.

Entretanto, Lévy (1999, p. 157, citado por Lemos, 2002) ressalta que a cibercultura contribui para promover uma mutação da relação com o saber. Para o autor, "o ciberespaço suporta tecnologias intelectuais que amplificam, exteriorizam e modificam numerosas funções cognitivas humanas", como a memória, a imaginação e a percepção. Textos na tela e imagens que auxiliam na construção dos processos cognitivos revolucionam os espaços para a escrita e para a leitura.

Milhares de informações associam-se constantemente ao imaginário da cibercultura: vírus, ataques de *hackers*, cibersexo, músicas na internet à disposição, textos, artigos, informações em tempo real – nada escapa da teia virtual da cibercultura, o que, para professores e futuros especialistas, indica a ressignificação da linguagem. É uma linguagem "blogada", curta.

O universo da cibercultura é a escrita – são milhares de informações, milhares de palavras, dinâmicas, mutantes e abreviadas: "Na escrita, como o tom da voz e o conhecimento do assunto são excluídos, somos obrigados a utilizar muito mais palavras, e com maior exatidão. A escrita é a forma de fala mais elaborada" (Vygotsky, 1991, p. 89). As tecnologias de informação podem contribuir para o letramento em sala de aula e fora dela.

Por que não utilizar obras de arte presentes nas páginas de museus disponíveis na internet? Ou então recorrer a músicas, jogos, brincadeiras, trava-línguas existentes em inúmeros *sites*? Ou ainda consultar documentos de divulgação científica... Isso vale tanto para os alunos quanto para os professores, todos aprendentes.

Existem poemas, livros, trechos de livros, diários virtuais de pessoas públicas e privadas que é possível explorar. Por que ainda não se utilizam essas tecnologias no cotidiano escolar? O que afasta os educadores delas e o que os aproxima apenas do quadro-negro, dos livros de papel e das velhas metodologias?

Por que não analisar criticamente animações, filmes, documentários, programas televisivos e letras de música que fazem parte do cotidiano cultural e social? Perdem-se, assim, múltiplas possibilidades de análise.

Indicações culturais

A seguir, apresentamos algumas indicações de *sites* que podem auxiliar no trabalho com jogos, leitura, pesquisa e outros recursos pedagógicos.

ALZIRA ZULMIRA. Disponível em: <http://www.alzirazulmira.com/links.html>. Acesso em: 19 out. 2017.

Nesse *site* estão disponíveis vários *links* que direcionam a páginas dedicadas à aprendizagem de crianças, jovens e adultos.

CIÊNCIA EM CASA. Disponível em: <http://cienciaemcasa.cienciaviva.pt/>. Acesso em: 19 out. 2017.

Esse é um *site* português que apresenta propostas de experiências passíveis de realizar em casa.

PROJETO PORTINARI. Disponível em: <http://www.portinari.org.br/>. Acesso em: 19 out. 2017.

O *site* apresenta as pinturas de Cândido Portinari e informações sobre o artista.

SCIELO. Disponível em: <http://www.scielo.br/>. Acesso em: 19 out. 2017.

O portal disponibiliza, na forma de uma biblioteca virtual, um grande número de revistas científicas de várias áreas de conhecimento.

TURMA DA MÔNICA. Disponível em: <http://turmadamonica.uol.com.br/index.htm>. Acesso em: 19 out. 2017.

Nesse portal é possível encontrar várias propostas educativas, que incluem jogos, vídeos e leitura, entre outros recursos.

Referências

ALENCAR, E. (Org.). PSICOLOGIA E EDUCAÇÃO DO SUPERDOTADO. São Paulo: EPU, 1986.

____. TENDÊNCIAS E DESAFIOS DA EDUCAÇÃO ESPECIAL. Brasília: Seesp, 1994.

ARIÈS, P. HISTÓRIA SOCIAL DA CRIANÇA E DA FAMÍLIA. Rio de Janeiro: Guanabara, 1981.

BANDET, J. A CRIANÇA E OS BRINQUEDOS. São Paulo: Estampa, 1973.

BAQUERO, R. VYGOTSKY E A APRENDIZAGEM ESCOLAR. Porto Alegre: Artmed, 1998.

BEE, H.; MITCHELL, S. K. A PESSOA EM DESENVOLVIMENTO. São Paulo: Harper & Row do Brasil, 1984.

BENJAMIN, W. OBRAS ESCOLHIDAS II: Rua de mão única. São Paulo: Brasiliense, 1987.

____. REFLEXÕES: a criança, o brinquedo, a educação. São Paulo: Summus, 1984.

BEYER, H. O processo avaliativo da inteligência e da cognição na educação especial: uma abordagem alternativa. In: SCLIAR, C. (Org.). EDUCAÇÃO E EXCLUSÃO: abordagens socioantropológicas em educação especial. Porto Alegre: Mediação, 1997. p. 67-80.

BOCK, A. M. B. (Org.). PSICOLOGIAS: uma introdução ao estudo de psicologia. São Paulo: Saraiva, 2001.

BOSSA, N. A. A PSICOPEDAGOGIA NO BRASIL: contribuições a partir da prática. Porto Alegre: Artes Médicas, 1994.

_____. FRACASSO ESCOLAR: um olhar psicopedagógico. Porto Alegre: Artmed, 2002.

BRASIL. Ministério da Educação. Secretaria de Educação Especial. CONCEITOS DA EDUCAÇÃO ESPECIAL: Censo Escolar 2005. 2005. Disponível em: <http://www.portal.educacao.salvador.ba.gov.br/site/documentos/espaco-virtual/espaco-educar/educacao-especial-sala-maria-tereza-mantoan/ARTIGOS/Conceitos-da-educacao-especial.pdf>. Acesso em: 19 out. 2017.

BROUGÈRE, G. BRINQUEDO E CULTURA. São Paulo: Cortez, 1995.

_____. JOGO E EDUCAÇÃO. Porto Alegre: Artes Médicas, 1998.

CALLIGARIS, C. CRÔNICAS DO INDIVIDUALISMO COTIDIANO. São Paulo: Ática, 1996.

CAMPOS, D. PSICOLOGIA DA APRENDIZAGEM. Petrópolis: Vozes, 1986.

CATANIA, A. C. APRENDIZAGEM: comportamento, linguagem e cognição. Porto Alegre: Artes Médicas, 1999.

CHARLOT, B. A MISTIFICAÇÃO PEDAGÓGICA: realidades sociais e processos ideológicos na teoria da educação. Rio de Janeiro: Guanabara, 1986.

CHATEAU, J. O JOGO E A CRIANÇA. São Paulo: Summus, 1987.

COLL, C. DESENVOLVIMENTO PSICOLÓGICO E EDUCAÇÃO: psicologia da educação. Porto Alegre: Artes Médicas, 1996. v. II.

COLL, C.; PALACIOS, J.; MARCHESI, A. DESENVOLVIMENTO PSICOLÓGICO E EDUCAÇÃO: psicologia evolutiva. Porto Alegre: Artes Médicas, 1995.

CORREA, R.; CÂNDIA, N. O Dono da Terra. In: OS ABELHUDOS. Os ABELHUDOS. 1985. Faixa 7.

COSTA, M. V. Currículo e política cultural. In: _____. (Org.). O CURRÍCULO NOS LIMIARES DO CONTEMPORÂNEO. 3. ed. Rio de Janeiro: DP&A, 2001. p. 37-68.

_____. Ensinando a dividir o mundo: as perversas lições de um programa de televisão. REVISTA BRASILEIRA DE EDUCAÇÃO, n. 20, p. 71-82, maio/ago. 2002.

COSTA, M. V. et al. ESTUDOS CULTURAIS EM EDUCAÇÃO: mídia, arquitetura, brinquedo, biologia, literatura, cinema. Porto Alegre: Ed. da UFRGS, 2004.

COSTA, M. V.; SILVEIRA, R. H.; SOMMER, L. H. Estudos culturais, educação e pedagogia. REVISTA BRASILEIRA DE EDUCAÇÃO, Rio de Janeiro, n. 23, p. 36-61, maio/ago. 2003. Disponível em: <http://www.scielo.br/scielo.php?script=sci_arttext&pid=S1413-24782003000200004&lng=pt&nrm=iso>. Acesso em: 19 out. 2017.

D'ANDREA, F. F. DESENVOLVIMENTO DA PERSONALIDADE. São Paulo: Difel, 1978.

DANIELS, H. (Org.). VYGOTSKY EM FOCO: pressupostos e desdobramentos. São Paulo: Papirus, 1997.

DAVIDOFF, L. INTRODUÇÃO À PSICOLOGIA. São Paulo: McGraw-Hill, 1984.

DESSEN, M. A.; COSTA JUNIOR, A. L. (Org.). A CIÊNCIA DO DESENVOLVIMENTO HUMANO: tendências atuais e perspectivas futuras. Porto Alegre: Artmed, 2005.

DITTRICH, A.; ABIB, J. A. D. O sistema ético skinneriano e consequências para a prática dos analistas do comportamento. PSICOLOGIA: REFLEXÃO E CRÍTICA, v. 17, n. 3, p. 427-433, 2004.

DOLLE, J.-M. PARA COMPREENDER JEAN PIAGET. Rio de Janeiro: Agir, 2000.

DREYFUS, H. L.; RABINOW, P. MICHEL FOUCAULT, UMA TRAJETÓRIA FILOSÓFICA: para além do estruturalismo e da hermenêutica. Rio de Janeiro: Forense Universitária, 1995.

EIZIRIK, C. L. (Org.). O CICLO DA VIDA HUMANA: uma perspectiva psicodinâmica. Porto Alegre: Artmed, 2001.

ELKONIN, D. B. PSICOLOGIA DEL JUEGO. Madrid: Aprendizagem; Visor, 1980.

FADIMAN, J.; FRAGER, R. TEORIAS DA PERSONALIDADE. São Paulo: Harbra, 1986.

FARIA, A. L. G.; DEMARTINI, Z. de B. F.; PRADO, P. D. (Org.). POR UMA CULTURA DA INFÂNCIA. São Paulo: Autores Associados, 2002.

FEIXA, C. DE JÓVENES, BANDAS Y TRIBUS: antropologia de la juventud. Barcelona: Ariel, 1999.

FONSECA, V da. EDUCAÇÃO ESPECIAL: programa de estimulação precoce. 17. ed. Lisboa: Editorial Notícias, 1989.

FOUCAULT, M. A ARQUEOLOGIA DO SABER. São Paulo: Forense Universitária, 1979.

____. A VERDADE E AS FORMAS JURÍDICAS. Rio de Janeiro: Nau, 1996.

____. AS PALAVRAS E AS COISAS: uma arqueologia das ciências humanas. São Paulo: M. Fontes, 1987.

____. EL ORDEN DEL DISCURSO. México: Tusquets, 1993a.

____. HISTÓRIA DA LOUCURA. São Paulo: Perspectiva, 1993b.

____. MICROFÍSICA DO PODER. Rio de Janeiro: Graal, 1986.

____. TECNOLOGIAS DEL YO Y OTROS TEXTOS AFINES. Barcelona: Siglo Veintiuno, 1990.

____. VIGIAR E PUNIR. Petrópolis: Vozes, 1992.

FRAGO, A. V.; ESCOLANO, A. CURRÍCULO, ESPAÇO E SUBJETIVIDADE. 2. ed. Rio de Janeiro: DP&A, 2003.

FREITAS, L. B. de L. Do mundo amoral à possibilidade de ação moral. PSICOLOGIA: REFLEXÃO E CRÍTICA, Porto Alegre, v. 12, n. 2, p. 447-458, 1999.

GABRIEL, O PENSADOR. Estudo errado. In: ____. AINDA É SÓ O COMEÇO. São Paulo: Sony Music, 1995. Faixa 6.

GARDNER, H. INTELIGÊNCIAS MÚLTIPLAS: a teoria na prática. Porto Alegre: Artes Médicas, 1995.

GAY, P. FREUD: uma vida para nosso tempo. São Paulo: Companhia das Letras, 1989.

GÉLIS, J. A individualização da criança. In: ÁRIES, P.; DUBY, G. (Org.). HISTÓRIA DA VIDA PRIVADA: da Renascença ao Século das Luzes. São Paulo: Companhia das Letras, 1991. p. 305-320. v. 3.

GIDDENS, A. O MUNDO NA ERA DA GLOBALIZAÇÃO. Lisboa: Editorial Presença, 2005.

HALL, C.; LINDZEY, G. TEORIAS DA PERSONALIDADE. São Paulo: EPU, 1984.

HALL, S. A centralidade da cultura: notas sobre as revoluções culturais do nosso tempo. EDUCAÇÃO & REALIDADE, v. 22, n. 2, p. 15-46, jul./dez. 1997. Disponível em: <http://www.seer.ufrgs.br/index.php/educacaoerealidade/article/view/71361/40514>. Acesso em: 19 out. 2017.

HALL, S. A IDENTIDADE CULTURAL NA PÓS-MODERNIDADE. 7. ed. Rio de Janeiro: DP&A, 2002.

HENNIGEN, I.; GUARESCHI, N. M. de F. A paternidade na contemporaneidade: um estudo de mídia sob a perspectiva dos estudos culturais. PSICOLOGIA & SOCIEDADE, Florianópolis, v. 14, n. 1, p. 44-68, jun. 2002.

HOUAISS, A.; VILLAR, M. de S. DICIONÁRIO HOUAISS DA LÍNGUA PORTUGUESA. Rio de Janeiro: Objetiva, 2001.

HUIZINGA, J. HOMO LUDENS: o jogo como elemento da cultura. São Paulo: Perspectiva, 1980.

JUSTO, H. CARL ROGERS. Canoas: La Salle, 1987.

KELLNER, D. A CULTURA DA MÍDIA. Bauru: Edusc, 2001.

KRAMER, S.; LEITE, M. I. (Org.). INFÂNCIA: fios e desafios da pesquisa. São Paulo: Papirus, 1997.

LA ROSA, J. Psicologia e educação: o significado de aprender. Porto Alegre: EdiPUCRS, 2001.

LA TAILLE, Y. de; DANTAS, H.; OLIVEIRA, M. K. de. Piaget, Vigotski, Wallon. São Paulo: Cortez, 1995.

LEBOVICI, D. Significado e função do brinquedo na criança. Porto Alegre: Artes Médicas, 1985.

LEMOS, A. Cibercultura: tecnologia e vida social na cultura contemporânea. Porto Alegre: Sulina, 2002.

LEONTIEV, A. El desarrollo del psiquismo. Madrid: Akal, 1987.

LOCKE, J. Ensaio sobre o entendimento humano. São Paulo: Nova Cultural, 1997. (Coleção Os Pensadores).

LOUREIRO, A. M. L. A velhice, o tempo e a morte: subsídio para possíveis avanços do estudo. Brasília: Ed. da UnB, 1998.

LOURO, G. L. Gênero, sexualidade e educação: uma perspectiva pós-estruturalista. Petrópolis: Vozes, 1997.

MACHADO, R. Introdução: por uma genealogia do poder. In: FOUCAULT, M. Microfísica do poder. Rio de Janeiro: Graal, 1986. p. vii-xxiii.

MAIA, C. M. Brincar, não brincar: eis a questão? Um estudo sobre o brincar do portador de altas habilidades. 120 f. Dissertação (Mestrado em Educação) – Universidade Federal do Rio Grande do Sul, Porto Alegre, 2000.

MAIA, C. M. De infâncias a brincares: brincar, não brincar, eis a questão? In: ZORZO, C.; SILVA, L.; POLENZ, T. (Org.). Pedagogia em conexão. Canoas: Ed. da Ulbra, 2004. p. 115-124.

_____. Eu brinco, tu brincas, ele brinca? Das memórias sobre brincares aos brincares atuais: interfaces possíveis entre tempo e espaços sociais. Porto Alegre, 2003. (Projeto de Tese de Doutorado apresentado ao PPGEDU/UFRGS).

_____. Quem olha quem? Câmeras on-line na escola de educação infantil. Porto Alegre, 2005. (Projeto de Tese de Doutorado em construção a ser defendido no PPGEDU/UFRGS).

_____. Quero ser criança! Mordaças sobre o brincar do portador de altas habilidades. Canoas: Ed. da Ulbra, 2002.

_____. Sobrevoando o ato de brincar. In: XAVIER, M. L. (Org.). O ensino nas séries iniciais: das concepções teóricas às metodologias. Porto Alegre: Mediação, 1997.

MAIA, C.; ZORZO, C.; PUREZA, V. Lúdico e proposta pedagógica: construindo interfaces na educação infantil. In: SILVA, L.; POLENZ, T. (Org.). Educação e contemporaneidade: mudanças de paradigmas na ação formadora da Universidade. Canoas: Ed. da Ulbra, 2002.

MARCHESI, A.; GIL, C. H. Fracasso escolar: uma perspectiva multicultural. Porto Alegre: Artmed, 2004.

MAZOTTA, M. Educação especial no Brasil: história e políticas públicas. São Paulo: Cortez, 1996.

MCLAREN, P. Multiculturalismo crítico. São Paulo: Cortez, 1997.

METTRAU, M. Nos bastidores da inteligência. Rio de Janeiro: Ed. da UERJ, 1995.

MITTLER, P. Educação inclusiva: contextos sociais. Porto Alegre: Artes Médicas, 2003.

MOOJEN, S. Dificuldades ou transtornos de aprendizagem? In: RUBINSTEIN, E. (Org.). Psicopedagogia: uma prática, diferentes estilos. São Paulo: Casa do Psicólogo, 1999. p. 243-284.

MOREIRA, M. A. Teorias de aprendizagem. São Paulo: EPU, 1999.

MOREIRA, R. Inútil. In: ULTRAJE A RIGOR. Nós vamos invadir sua praia. Rio de Janeiro: WEA, 1985. Faixa 6.

MORENO, M. COMO SE ENSINA A SER MENINA: o sexismo na escola. São Paulo: Moderna, 1999.

MYERS, D. INTRODUÇÃO À PSICOLOGIA GERAL. Rio de Janeiro: LTC, 1999.

PAPALIA, D. E.; OLDS, S. W. DESENVOLVIMENTO HUMANO. Porto Alegre: Artes Médicas Sul, 2000.

PARAÍSO, M. A. Currículo e identidades: a produção de gênero, sexualidade e etnia na formação da professora. EDUCAÇÃO ON-LINE, dez. 2001. Disponível em: <http://www.educacaoonline.pro.br/curriculo_e_identidades.asp?f_id_artigo=282>. Acesso em: 12 set. 2007.

PESSOA, F. Cada um. In: _____. POEMAS DE RICARDO REIS. Domínio Público. Disponível em: <http://www.dominiopublico.gov.br/download/texto/jp000005.pdf>. Acesso em: 19 out. 2017.

PIAGET, J. A EQUILIBRAÇÃO DAS ESTRUTURAS COGNITIVAS. Rio de Janeiro: Zahar, 1976.

_____. PARA ONDE VAI A EDUCAÇÃO. Rio de Janeiro: Forense Universitária, 1980.

PIAGET, J.; INHELDER, B. A PSICOLOGIA DA CRIANÇA. 8. ed. São Paulo: Difel, 1985.

POSTMAN, N. O DESAPARECIMENTO DA INFÂNCIA. São Paulo: Graphia, 1999.

RAMOZZI-CHIAROTTINO, Z. Em busca do sentido da obra de Jean Piaget. São Paulo: Ática, 1984. (Ensaios, n. 107).

_____. PSICOLOGIA E EPISTEMOLOGIA GENÉTICA DE JEAN PIAGET. São Paulo: EPU, 1988.

RANGEL, A. C. S. EDUCAÇÃO MATEMÁTICA E A CONSTRUÇÃO DO NÚMERO PELA CRIANÇA: uma experiência em diferentes contextos socioeconômicos. Porto Alegre: Artes Médicas, 1992.

RODULFO, R. O BRINCAR E O SIGNIFICANTE. Porto Alegre: Artes Médicas, 1990.

ROGERS, C. LIBERDADE PARA APRENDER. Belo Horizonte: Interlivros, 1971.

ROGERS, C. TORNAR-SE PESSOA. São Paulo: M. Fontes, 1987.

ROVIRA, J. M. P. Educação em valores e fracasso escolar. In: MARCHESI, Á.; GIL, C. H. FRACASSO ESCOLAR: uma perspectiva multicultural. Porto Alegre: Artmed, 2004. p. 82-90.

RUBINSTEIN, E. A especificidade do diagnóstico psicopedagógico. In: SISTO, F. F. et al. ATUAÇÃO PSICOPEDAGÓGICA E APRENDIZAGEM ESCOLAR. Petrópolis: Vozes, 1996.

SALVADOR, C. C. PSICOLOGIA DA EDUCAÇÃO. Porto Alegre: Artes Médicas Sul, 1999.

SASSAKI, R. INCLUSÃO: construindo uma sociedade para todos. Rio de Janeiro: WVA, 1997.

SCHIFF, M. A INTELIGÊNCIA DESPERDIÇADA: desigualdade social, injustiça escolar. Porto Alegre: Artes Médicas, 1993.

SCHULTZ, D. P.; SCHULTZ, S. E. HISTÓRIA DA PSICOLOGIA MODERNA. São Paulo: Cultrix, 1992.

SCOZ, B. J. L. PSICOPEDAGOGIA E REALIDADE ESCOLAR. 9. ed. Petrópolis: Vozes, 2001.

SEBER, M. da G. PIAGET: o diálogo com a criança e o desenvolvimento do raciocínio. São Paulo: Scipione, 1997.

SILVA, T. T. da. A POÉTICA E A POLÍTICA DO CURRÍCULO COMO REPRESENTAÇÃO. 1998. (Texto digitado).

_____. IDENTIDADES TERMINAIS: as transformações na política da pedagogia e na pedagogia da política. Petrópolis: Vozes, 1996.

SILVEIRA, R. M. H. da (Org.). CULTURA, PODER E EDUCAÇÃO: um debate sobre estudos culturais. Canoas: Ulbra, 2005.

SKINNER, B. CIÊNCIA E COMPORTAMENTO HUMANO. Brasília: Funbec, 1970.

SKINNER, B. O COMPORTAMENTO VERBAL. São Paulo: Cultrix; Edusp, 1978.

SMOLKA, A. L. B. O (im)próprio e o (im)pertinente na apropriação das práticas sociais. Cadernos Cedes, ano 20, n. 50, p. 26-40, abr. 2000. Disponível em: <http://repositorio.unicamp.br/bitstream/REPOSIP/32357/1/S0101-32622000000100003.pdf>. Acesso em: 19 out. 2017.

STAINBACK, S.; STAINBACK, W. Inclusão: um guia para educadores. Porto Alegre: Artes Médicas, 1999.

STEINBERG, S. Kindercultura: a construção da infância pelas grandes corporações. In: SILVA, L. H.; AZEVEDO, J. C.; SANTOS, E. S. (Org.). Identidade social e a construção do conhecimento. Porto Alegre: SMED/RS, 1997. p. 98-145.

STEINBERG, S.; KINCHELOE, J. L. (Org.). Cultura infantil: a construção corporativa da infância. Rio de Janeiro: Civilização Brasileira, 2001.

STERNBERG, R. As capacidades intelectuais humanas. Porto Alegre: Artes Médicas, 1992.

VEER, R.; VALSINER, J. Vigotski: uma síntese. São Paulo: Loyola, 1999.

VYGOTSKY, L. S. A formação social da mente. São Paulo: M. Fontes, 1989.

_____. Estudos sobre a história do comportamento: símios, homem primitivo e criança. Porto Alegre: Artes Médicas, 1996.

_____. La imaginación y el arte en la infancia: ensayo psicológico. Madrid: Alkal, 1998.

_____. Obras escogidas II: Pedologia. Madrid: Visor, 1997.

_____. Pensamento e linguagem. São Paulo: M. Fontes, 1991.

WADSWORTH, B. Inteligência e afetividade da criança na teoria de Piaget. São Paulo: Pioneira, 1992.

WAJSKOP, G. Brincar na pré-escola. São Paulo: Cortez, 1997.

WEISS, L. Brinquedos e engenhocas: atividades lúdicas com sucata. São Paulo: Scipione, 1989.

WEISZ, T. O diálogo entre o ensino e a aprendizagem. São Paulo: Ática, 1999.

WERTSCH, J. Vygotsky y la formación social de la mente. Barcelona: Paidos, 1997.

WINNER, E. Crianças superdotadas: mitos e realidades. Porto Alegre: Artes Médicas, 1998.

WINNICOTT, D. O brincar e a realidade. Rio de Janeiro: Imago, 1975.

WOOLFOLK, A. Psicologia da educação. Porto Alegre: Artes Médicas, 2000.

Bibliografia comentada

ARIÈS, P. História social da criança e da família. Rio de Janeiro: Guanabara, 1994.
É considerada uma das mais completas obras no que se refere à historicidade dos conceitos de *infância, criança* e *família*. O autor apresenta, de forma brilhante, um excelente estudo sobre o surgimento da família e os conceitos mencionados.

BAQUERO, R. Vygotsky e a aprendizagem escolar. Porto Alegre: Artmed, 1998.
O autor explora a teoria histórico-cultural, enfatizando os principais conceitos propostos por Vygotsky e sua relação com o saber científico e o saber popular. Aborda, ainda, a questão do brincar e da prática pedagógica sob a perspectiva vygotskiana.

BOCK, A. M. B. (Org.). Psicologias: uma introdução ao estudo de psicologia. São Paulo: Saraiva, 1999.

A organizadora enfoca temas como a evolução da ciência psicológica, o behaviorismo, a *gestalt*, a psicanálise, a psicologia da aprendizagem e a psicologia social. É um livro indicado para quem deseja uma leitura agradável e com conceitos de fácil entendimento.

COSTA, M. V. et al. Estudos culturais em educação: mídia, arquitetura, brinquedo, biologia, literatura, cinema. Porto Alegre: Ed. da UFRGS, 2004.

O livro aborda, com base no ponto de vista de vários pesquisadores, os estudos culturais em educação, enfatizando distintas áreas nas quais circula o conhecimento, tais como literatura, mídia e cinema.

DANIELS, H. (Org.). Vygotsky em foco: pressupostos e desdobramentos. São Paulo: Papirus, 1997.

Vários pesquisadores e estudiosos de Vygotsky, ao longo de diferentes capítulos, exploram questões como avaliação, desenvolvimento da linguagem e prática pedagógica.

DOLLE, J.-M. Para compreender Jean Piaget. Rio de Janeiro: Agir, 2000.

O autor aborda os principais conceitos desenvolvidos por Piaget: história e método, dados epistemológicos, inteligência sensório-motora, construção do real, construção do espaço, construção da causalidade, entre outros. É uma obra de vital importância para o entendimento das ideias de Piaget.

EIZIRIK, C. L. (Org.). O ciclo da vida humana: uma perspectiva psicodinâmica. Porto Alegre: Artmed, 2001.

Com base no ponto de vista de vários pesquisadores, o livro trata do ciclo da vida humana, ancorado em estudos recentes que visam oferecer uma perspectiva psicodinâmica sobre o assunto.

LA ROSA, J. (Org.). Psicologia e educação: o significado do aprender. Porto Alegre: EdiPUCRS, 2003.

Vários autores e pesquisadores escrevem sobre aprendizagem e teorias relacionadas, destacando-se os teóricos Pavlov, Skinner, Vygotsky, Piaget, Bandura, entre outros. Artigos sobre motivação e dificuldades de aprendizagem também integram a obra.

MARCHESI, A.; GIL, C. H. Fracasso escolar: uma perspectiva multicultural. Porto Alegre: Artmed, 2004.

Com artigos de vários pesquisadores, a obra problematiza o fracasso escolar sob diferentes ângulos: pedagógico, metodológico, cultural, social, econômico, entre outros.

MOREIRA, M. A. Teorias de aprendizagem. São Paulo: EPU, 1999.

O autor aborda as principais correntes epistemológicas relacionadas ao desenvolvimento e à aprendizagem, tais como as fundadas por Piaget, Vygotsky, Skinner, Rogers, Thorndike, Ausubel e Bruner.

MORENO, M. Como se ensina a ser menina: o sexismo na escola. São Paulo: Moderna, 1999.

A pesquisadora trata de uma pesquisa realizada em escolas em que se evidencia o sexismo: como se ensinam as meninas a serem meninas. Com linguagem acessível, cativa pelas análises propostas.

PIAGET, J. Seis estudos de psicologia. 24. ed. Rio de Janeiro: Forense Universitária, 2003.
Nesse livro, subdividido em duas partes, o teórico explora questões como o desenvolvimento mental da criança, desde a primeira infância até a adolescência; o pensamento da criança; gênese e estrutura na psicologia da inteligência.

SCLIAR, C. (Org.). Educação e exclusão: abordagens socioantropológicas em educação especial. Porto Alegre: Mediação, 1997.
Vários autores discutem questões como inclusão e exclusão educacional, entre outros assuntos. Com linguagem clara e objetiva, a obra apresenta uma caracterização da educação e do processo de exclusão educacional e social.

STAINBACK, S.; STAINBACK, W. Inclusão: um guia para educadores. Porto Alegre: Artes Médicas, 1999.
Os autores tratam de questões como inclusão e exclusão educacional e necessidades educacionais especiais. O foco é a inclusão educacional ontem e hoje.

Respostas

Capítulo 1

Em seu texto, explore questões como a construção do *id*, do ego e do superego. Com base nas ideias de Freud a respeito da construção da personalidade, discuta os versos finais do poema: "Cumpramos o que somos./Nada mais nos é dado."

Capítulo 3

Ao desenvolver sua atividade, não se esqueça de considerar as questões a seguir:

- Como o professor deve estruturar o planejamento se ele é apenas um facilitador?
- Como o processo avaliativo se consolida diante do processo de autoavaliação do aluno?
- Como escolher a temática e as áreas de conhecimento a serem trabalhadas?
- Como se estrutura o currículo sob a perspectiva rogeriana?

Capítulo 4

Em seu texto, problematize aspectos como "decoreba", aprovação, reprovação e ensino como negócio. Explore a diferença entre a visão de ensino tradicional e a visão de ensino interacionista.

Capítulo 5

Suponhamos que você tenha decidido realizar um trabalho com base nos seguintes estilos musicais: *rap, funk* e MPB. Considere, então, as questões a seguir:

- Como os músicos constroem as letras de suas canções, ou, em outros termos, de que forma se utilizam das palavras?
- A que público se dirigem?
- Há diferenças culturais e sociais esboçadas nas letras das canções? Quais estilos musicais se aproximam ou se afastam da cultura trabalhada na escola e valorizada na sociedade?

Capítulo 6

Estruture a atividade com base nas seguintes questões:

- Por que o autor da letra da canção afirma que "não sabemos escolher presidente"? Quais argumentos poderiam ser usados para justificar essa opinião ou para refutá-la?
- Relacione a ideia associada ao conceito de *inútil* às inteligências interpessoal e intrapessoal.

Capítulo 7

Procure identificar os conceitos de *criança, jovem, adulto* e *velho* disseminados nas imagens: Como é possível perceber esses sujeitos? Como estão representados em revistas e jornais?

Capítulo 8

Ao estruturar seu texto, problematize as seguintes questões:

- Na atualidade, quais são os conceitos de *criança* e *jovem* disseminados na mídia?
- Como as crianças e os jovens se vestem e escolhem seus acessórios? Que músicas escutam e o que veem na televisão?
- As crianças e os jovens retratados pela mídia são os mesmos retratados nos conceitos teóricos considerados no Estatuto da Criança e do Adolescente (ECA)?
- Como a mídia constitui a identidade desses sujeitos? Por que essa identidade é transitória e não fixa?
- Considerando-se a perspectiva dos estudos culturais, como se explica a ideia de que no mundo há verdades construídas?

Capítulo 9

A seguir, sugerimos alguns questionamentos que podem ser feitos nas entrevistas, mas lembre-se de que você também pode realizar outros:

- Em sua opinião, no Brasil, neste momento, vivenciamos a integração ou a inclusão?
- Os alunos com necessidades educacionais especiais devem estar matriculados na rede regular de ensino ou na escola especial? Por quê?
- Qual é a representação social sobre o fracasso e o sucesso escolar?
- O fracasso escolar pode levar à evasão e à repetência? Por quê?
- De que forma os profissionais da educação podem colaborar para a estruturação de uma sociedade e de uma escola inclusiva? Qual seria seu papel nessa construção? Exemplifique.

Sobre a autora

CHRISTIANE MARTINATTI MAIA tem graduação em Pedagogia pela Universidade Federal do Rio Grande do Sul (UFRGS), especialização em Psicopedagogia – Abordagens Institucional e Clínica pela Faculdade Porto-Alegrense de Educação, Ciências e Letras (Fapa) e mestrado em Educação pela UFRGS. Como pesquisadora, recebeu o prêmio de destaque no IX Salão de Iniciação Científica da UFRGS, em 1997, por trabalho de pesquisa apresentado. Desde 2002, é professora da Universidade Luterana do Brasil (Ulbra), em que trabalha nas linhas de pesquisa "Psicopedagogia: ludicidade e processos de ensinar e aprender" e "Educação a distância: entre mitos e desafios". Tem vários livros, capítulos de livros e artigos acadêmicos publicados na área.

Impressão:
Novembro/2017